cuidador de crianças de idosos

orientações, rotinas e técnicas de trabalho

Dados Internacionais de Catalogação na Publicação (CIP)
(Jeane Passos de Souza – CRB 8ª/6189)

SENAC. Departamento Nacional.
Cuidador de crianças e de idosos: orientações, rotinas e técnicas de trabalho / Departamento Nacional do Serviço Nacional de Aprendizagem Comercial. – São Paulo: Editora Senac São Paulo, 2018.

Bibliografia.
ISBN 978-85-396-2194-1 (impresso/2018)
e-ISBN 978-85-396-0791-4 (ePub/2017)
e-ISBN 978-85-396-1724-1 (PDF/2017)

1. Cuidador 2. Cuidador de criança 3. Cuidador de idoso 4. Cuidados de enfermagem.

18-714s CDD-362.14
BISAC FAM013000
HEA028000
HEA049000

Índice para catálogo sistemático:

1. Cuidador 362.14

cuidador de crianças de idosos

orientações, rotinas e técnicas de trabalho

Editora Senac São Paulo – São Paulo – 2018

Pesquisa e Redação
Bianca Encarnação

Consultoria Técnica
Aline Gomes e **Eliana Calasans**

Revisão Técnica
Ana Lúcia Jezuino da Costa
Ana Maria Galvão de Carvalho Pianucci
Karina Aparecida Gabriel dos Ramos

Revisão
Globaltec Editora Ltda.
Luiza Elena Luchini (coord.)

Projeto Gráfico e Diagramação
Globaltec Editora Ltda.

Ilustrações
Boitatá Ilustrações

Editora Senac São Paulo
Rua 24 de Maio, 208/3º andar
Centro – CEP 01041-000
São Paulo – SP
Tel.: (11) 2187-4450
editora@sp.senac.br
http://www.livrariasenac.com.br

Nota do editor

Cuidar de uma criança ou de um idoso pode representar uma rotina diária cansativa e, ao mesmo tempo, muito recompensadora, especialmente para os que sentem prazer em ver uma criança crescendo ou um idoso vivendo bem e alegre apesar das dificuldades que a idade muitas vezes impõe.

A tarefa de cuidar só é concedida a pessoas de confiança. Essa é uma das primeiras lições deste livro, que traz muitas outras informações para o futuro cuidador domiciliar, profissional que convive com crianças de 0 a 5 anos de idade (período em que meninos e meninas são mais dependentes) e com idosos sadios, que não necessitam dos cuidados médicos de um profissional da área de saúde.

Neste livro, são esclarecidas as responsabilidades com a alimentação, a saúde, a higiene e o lazer, tanto de crianças quanto de idosos, com dicas e recomendações muito claras, e várias demonstrações passo a passo de técnicas de trabalho, com ilustrações que ajudam a entender e a aprimorar os procedimentos requeridos. Além disso, há uma parte dedicada ao próprio cuidador, explicando por que e como esse profissional deve cuidar de si mesmo antes de pensar em tomar conta de uma criança ou de um idoso. Sua educação, saúde, alimentação e seus cuidados com a imagem pessoal são importantes para a qualidade do trabalho e da relação que vai construir com todos da família.

Esta publicação tem o objetivo de contribuir para a formação e o aprimoramento dos profissionais que pretendem se dedicar ao cuidado de crianças e de idosos, conscientes de que cuidar do outro exige uma predisposição interna, uma vocação e também muito preparo técnico.

Sumário

1

O cuidador

Os tempos são outros: as mulheres – que antigamente cuidavam da casa, das crianças e dos idosos – agora trabalham fora, assim como os homens. Por causa dessa mudança no papel social da mulher, as famílias passaram a precisar de alguém para cuidar de seus filhos e de seus parentes mais velhos. Quem é essa pessoa? O cuidador ou a cuidadora, claro!

O cuidador é a babá, é o acompanhante, é essa pessoa especial em quem a família deposita toda a confiança para zelar pelos entes queridos, que estão começando a vida ou já se encontram em idade avançada.

UM DETALHE

Sabemos que a profissão de cuidador é exercida por homens e mulheres. Ao longo do livro, optamos por usar o termo no gênero masculino, na maioria das vezes, certo? Assim evitamos o excesso de "os" e "as" no texto.

Quem pode cuidar de alguém?

Essa é uma pergunta-chave a ser feita tanto por quem deseja ser cuidador quanto por aqueles que precisam contratar um profissional. A resposta é bem curtinha: pode cuidar de alguém aquele que, antes de tudo, cuida bem de si mesmo. Esse cuidado é percebido tanto na aparência como no preparo físico e emocional da pessoa.

Trocando em miúdos, para ser cuidador é preciso ser impecável com a higiene pessoal – roupas, sapatos, unhas, cabelos, tudo isso deve impressionar pela limpeza. É necessário também mostrar-se disposto. Afinal de contas, dar colo à criança ou apoio ao idoso nas mais diferentes situações faz parte do dia a dia da profissão. E é importante ainda demonstrar calma e paciência diante de qualquer problema.

Mas para ser cuidador é preciso mais, certo? Sim, muito mais. Ter sensibilidade para ouvir o que a criança e o idoso têm a dizer. Perceber o que pode incomodá-los e o que funciona para deixá-los mais alegres é também muito importante para esta função.

Ser respeitoso é outra característica que conta muitos pontos a favor do cuidador. A família observa de perto se existe esse sentimento por parte do profissional. Ser respeitoso significa dar respostas educadas e não fazer piadas que envergonhem aquele que está sendo cuidado. Significa considerar as opiniões e os pedidos do idoso ou da criança, sem impor o seu modo de pensar.

O que vale (e vale muito!) é ser discreto. Meninos, meninas, senhores e senhoras percebem quando cai do céu aquela pessoa bem-intencionada para tirá-los de uma situação difícil, fazendo parecer que não houve nada. A família também aprecia esses gestos e admira o profissional que evita comentários com quem é de fora sobre os fatos ocorridos no ambiente de trabalho.

Por falar em ambiente de trabalho, o cuidador precisa ter jogo de cintura para se adaptar aos mais diferentes padrões familiares. Sabemos que em alguns lares há mais conforto do que em outros. Por isso, tem muito valor o profissional que sabe viver dentro da realidade do seu empregador sem fazer comparações com outros lugares pelos quais passou.

"Por favor", "obrigado(a)" e "posso ajudar?" são expressões que demonstram boa educação por parte do cuidador. Elas devem ser pronunciadas sempre, e de maneira muito sincera. "Posso ajudar?", então, é algo que crianças e idosos vão gostar muito de ouvir se perceberem que a intenção é verdadeira, porque é com pequenos gestos que as relações entre as pessoas vão se tornando mais próximas.

Evidentemente, nem é preciso dizer que a proximidade entre cuidador e criança ou cuidador e idoso torna mais fácil o dia a dia para os dois lados. E olhe que nem sempre a rotina de um cuidador é fácil. Algumas vezes o profissional precisa lidar com agressividade, sentimentos negativos e frustrações, devendo ter paciência e responder a tudo isso com firmeza, delicadeza e otimismo.

Pode ser cuidador, portanto, quem quer doar uma parte boa de si para ajudar a criança ou o idoso e consegue fazer isso misturando boa educação, discrição, sensibilidade e respeito com uma pitada de criatividade.

Quem é o cuidador?

"Cuidador" é um termo razoavelmente novo para se referir a duas funções que são nossas velhas conhecidas: babá (ou *babysitter*) e acompanhante. Como sabemos, a babá é a cuidadora de crianças e o acompanhante, o cuidador de idosos.

Esse profissional pode ter como local de trabalho a casa em que vive a pessoa sob seus cuidados; a escola, a creche, o orfanato ou os abrigos, no caso de crianças; além de asilos e outras instituições de amparo à terceira idade, no caso de idosos.

Como este livro vai abordar, especificamente, os cuidadores domiciliares, podemos perguntar logo: o que esse cuidador faz? Digamos que ele substitui alguém da família na tarefa de zelar pelo bem-estar da criança ou do idoso. Ou seja: o cuidador domiciliar é o profissional responsável pela rotina da criança ou do idoso no que diz respeito à alimentação, à higiene pessoal e, também, ao lazer.

Vamos traduzir um pouco melhor o sentido de rotina, levando em conta diferentes padrões de vida da família empregadora.

Sabemos que em algumas residências há empregados específicos para determinadas funções, como cozinheira, arrumadeira e passadeira. Em casas com esse tipo de estrutura, o cuidador, provavelmente, não precisará preparar refeições, lavar ou passar as roupas da criança ou do idoso sob seus cuidados. Independentemente do que as aparências possam indicar, as rotinas de trabalho do cuidador devem ser combinadas com o empregador na entrevista de contratação.

Em outros lares, porém, a estrutura pode ser mais enxuta e o cuidador se tornar um funcionário multitarefas, administrando todas as atividades relativas à pessoa que está sob seus cuidados, incluindo preparar refeições, lavar ou passar as roupas da criança ou do idoso. Repetimos que é na entrevista que as duas partes (empregador e empregado) definem os detalhes das atribuições do cargo. Por exemplo: se o cuidador tem de levar e buscar a criança na escola, se precisa cozinhar para a criança ou para o idoso, se acompanha as consultas médicas, se vai a festas e outros eventos em seu horário de trabalho, etc. Essa atitude de combinar as rotinas evita problemas de relacionamento mais tarde.

Depois que estiver tudo acertado sobre as tarefas diárias, é hora de combinar a forma de contratação e os horários de trabalho. Essa conversa começa com o entendimento de que babás e cuidadores de idosos são atividades descritas pelo Ministério do Trabalho e Emprego como empregados domésticos, mas podem ser contratados como babá ou cuidador. Essas duas ocupações fazem parte da família ocupacional empregado doméstico, de acordo com o Código Brasileiro de Ocupações (CBO).

FORMAS DE CONTRATAÇÃO

OPÇÃO PELA CARTEIRA ASSINADA

A babá ou o acompanhante de idoso contratado como empregado doméstico de carteira assinada trabalha seis dias por semana. O horário de trabalho e o dia de descanso remunerado – a folga, que geralmente é aos domingos – devem ser combinados entre as partes.

Nessa condição, o cuidador recebe, pelo menos, um salário mínimo por mês e mais um salário extra por ano, o décimo terceiro. Anualmente, também tem direito a trinta dias de férias remuneradas. Para trabalhar com carteira assinada, o empregado precisa apresentar a Carteira de Trabalho e Previdência Social e o número de inscrição no Instituto Nacional do Seguro Social (INSS). Vale lembrar que a contribuição para o INSS é feita pelo empregador, que paga 12%, e também pelo empregado, que tem 8% descontado de seu salário.

POR QUE CONTRIBUIR PARA O INSS?

Para ter garantia de alguns benefícios importantes, tome nota: apenas quem contribui para o INSS pode solicitar aposentadoria (por tempo de serviço, idade ou invalidez), auxílio doença, auxílio acidente, seguro-desemprego e salário maternidade.

O VALOR DA CARTEIRA DE TRABALHO

Este é o documento que contém as informações da relação entre empregado e empregador. Traz a data de admissão, o valor do salário, a duração do trabalho diário, além de registro de férias, décimo terceiro, reajustes e outros. Apenas a carteira de trabalho comprova o tempo de serviço para solicitação de aposentadoria e seguro-desemprego. Portanto, cuide bem da sua!

A LIBERDADE DA AUTONOMIA

Ser autônomo (ou diarista) significa poder trabalhar em diferentes lugares e quantas vezes na semana desejar. O outro lado dessa liberdade sonhada por muitos é a atenção redobrada que o cuidador precisa ter para administrar seus ganhos, pagar sua autonomia, programar suas férias e fazer uma reserva para qualquer imprevisto. Vamos entender melhor...

Em geral, o profissional autônomo não recebe mensalmente – como o funcionário de carteira assinada. Seus pagamentos costumam ser diários. Isso quer dizer que ele precisa ter um controle maior sobre o dinheiro para honrar suas contas no final do mês.

Entre as contas a pagar está a autonomia, ou seja, sua contribuição para o Instituto Nacional do Seguro Social (INSS) por meio do Guia da Previdência Social (GPS), um documento simplificado e obrigatório. Essas guias pagas é que somam o tempo de serviço para a aposentadoria.

Fora isso, para tirar férias, o cuidador precisa contar com suas próprias reservas. Ter um pé-de-meia também é recomendado para o caso de se ausentar do trabalho por doença ou qualquer outra razão.

Candidato a cuidador

Já vimos que todo cuidador tem de demonstrar cuidados com a própria aparência e saúde. Vimos também que esse profissional precisa ser educado, discreto, sensível e respeitoso.

É bom lembrar que a família que contrata o cuidador sempre checa as referências do profissional pedindo os contatos de antigo(s) empregador(es), a fim de obter informações da qualidade do serviço prestado e para ter certeza de que está fazendo uma boa escolha.

A entrevista é a prova mais importante para o candidato a cuidador. As recomendações a seguir são valiosas!

A entrevista

Com que roupa eu vou?

Escolher a roupa certa para uma entrevista de emprego nem sempre é tarefa fácil. Mas vamos por eliminação: para as mulheres, nada de trajes curtos, decotados, transparentes ou justos demais; para os homens, nada de roupa apertada. Dê preferência aos tons claros para demonstrar, logo no primeiro encontro, o cuidado com o asseio da roupa.

Detalhes tão pequenos

Durante a entrevista, tudo na aparência será observado. Para impressionar bem, apresente-se com as unhas curtas, limpas e sem esmaltes. Cabelos médios ou longos devem estar presos e cabelos curtos, bem arrumados. No caso dos homens, barba benfeita. As mulheres que gostam de acessórios (brinco, colar, pulseira e anel) devem optar pelo uso mínimo na entrevista e saber que, no dia a dia da profissão, por uma questão de segurança, apenas os brincos pequenos e coladinhos no lóbulo da orelha estão liberados; colares, pulseira e anéis, nem pensar. Para todos, desodorante é obrigatório, preferencialmente os sem perfume. E por falar em perfume, eles não devem ser usados.

Olho no relógio

Atrasos são inadmissíveis. Portanto, programar-se para chegar ao local da entrevista 15 minutos antes do horário combinado é fundamental. Mas atenção: apenas toque a campainha ou o interfone no horário combinado.

É proibido

Apresentar-se na entrevista acompanhado de cônjuge (marido ou mulher), filho ou amigo não faz sentido e ainda demonstra insegurança. Você também não deve mascar chiclete, bala ou qualquer outro alimento durante a conversa, muito menos falar ao celular – aliás, certifique-se de que o aparelho esteja desligado.

Hálito puro

Muitos candidatos perdem oportunidades de emprego em razão do mau hálito – principalmente as babás, porque têm contato muito próximo com bebês. Não custa, então, certificar-se da higiene bucal antes da entrevista.

Ouvir e falar

O entrevistado deve deixar que o empregador apresente a vaga. Caso não seja mencionado algum assunto que considere importante, o candidato a cuidador pode questionar, com educação, ao final da entrevista. Entre as informações principais estão:

- escala de serviço (Será semanal? É preciso dormir ou não no emprego? Quando serão as folgas?);
- horário de entrada e saída;
- uso de uniforme;
- atividades a serem exercidas no cuidado com a criança ou o idoso;
- panorama básico da criança ou do idoso (idade, principais necessidades de cuidado, atividades que pratica).

Recomenda-se que o entrevistado não faça perguntas até que o entrevistador lhe dê a palavra. Se perguntado sobre suas experiências anteriores, deve relatá-las, mas nunca falar mal de seus ex-empregadores.

Sempre alerta

Para qualquer entrevista de emprego, é recomendável que o candidato a cuidador leve sua carteira de trabalho e cartas de referência. Existe sempre a chance de que a contratação seja imediata.

Cuidador, saiba mais!

Ao receber a notícia de que será contratado, a babá ou o cuidador de idosos deve se sentir à vontade para entrar em detalhes sobre a pessoa que ficará sob seus cuidados. Essa é a hora de inverter os papéis e colocar o empregador na posição de entrevistado. A seguir são apresentadas duas fichas com o propósito de auxiliar o cuidador a traçar o perfil da criança ou do idoso. Escolha a sua e mãos à obra!

Informações da criança

Nome completo: ____

Nascimento: _____/_____/____ Idade: ______________________

Cidade de nascimento: ____________________________ Estado: __________

Pai (nome e telefone): ____

Mãe (nome e telefone): ____

Irmãos: ____

Com quem mora? ____

Endereço: ____

Escola: ____

Endereço: __________________________________ Tel.: _____________

Faz curso(s)? ____________________ De quê? ________________________

Dia(s) da semana: ____

Horário(s): ____

Endereço(s): ____

Telefone(s): ____

Faz uso de algum medicamento? ( ) Sim ( ) Não

Qual(is)? ____

Para? ____

Possui alguma limitação ou deficiência física? ( ) Sim ( ) Não

Qual(is)? ____

Plano de saúde: ______________________________ (solicitar xerox da carteirinha)

Pediatra: ______________________________ Tel.: ______________

Em caso de dúvida, necessidade ou emergência, procurar (na ordem de preferência da família):

1) ______________________________ Tel.: ______________

2) ______________________________ Tel.: ______________

3) ______________________________ Tel.: ______________

4) ______________________________ Tel.: ______________

5) ______________________________ Tel.: ______________

Nasceu prematuro? ______________________________

Que doenças já teve? ______________________________

Possui alguma doença, como diabetes, asma ou outra? Qual(is)? ______________________________

____

Usa insulina? ______________________ Quem aplica e quantas vezes ao dia?

____

Faz uso regular de algum medicamento para asma? Nebulização ou espaçadores? Quem é o responsável pela aplicação? ______________________________

Tem alergia a medicamentos ou alimentos? Qual(is)? ______________________________

____

Já fez alguma cirurgia? De quê? ______________________________

____

Já foi internado? Por quê? ______________________________

____

O que mais gosta de fazer para se divertir? ______________________________

____

Em que locais costuma passear e brincar? Em que horário? ______________________________

____

Gosta de assistir televisão? Que programas? ______________________________

____

Há restrição a programas ou canais de TV? ____________________
____

Qual(is) sua(s) comida(s) preferida(s)? ____________________
____

Apresenta alguma restrição/intolerância alimentar? ____________________
____

Sabe nadar? (   ) Sim (   ) Não

Pratica algum esporte? (   ) Sim (   ) Não

Qual(is)? ____________________

Dia(s) da semana: ____________________ Horário(s): __________

Gosta de ler? O quê? ____________________
____

Gosta de ouvir música? De que tipo? ____________________
____

Pode usar o computador? __________ E acessar a internet? __________

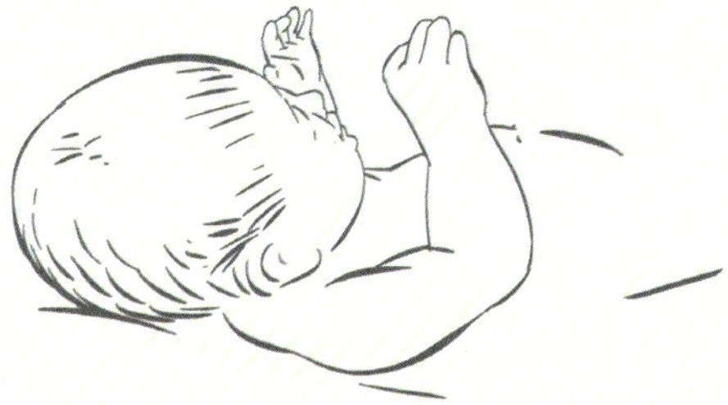

Informações do idoso

Nome completo: ____

Nascimento: _____/_____/____ Idade: ________________

Cidade de nascimento: __________________________ Estado: ________

Profissão: ____

Estado civil: ( ) casado ( ) solteiro ( ) divorciado ( ) viúvo ( ) namorando

Filhos (nomes e idades): ___________________________________

____

____

____

Netos (nomes e idades): ____________________________________

____

____

____

Com quem mora? ____

Quem é responsável pelas ordens dadas ao cuidador? _______________________

____

____

____

Em caso de dúvida, necessidade ou emergência, procurar (na ordem de preferência da família):

1) ______________________________ Tel.: ____________

2) ______________________________ Tel.: ____________

3) ______________________________ Tel.: ____________

4) ______________________________ Tel.: ____________

5) ______________________________ Tel.: ____________

Possui alguma limitação ou deficiência física? (   ) Sim (   ) Não

Qual(is)? ____

Usa cadeira de rodas, andador ou muletas? ____________________

Faz uso de algum medicamento? (   ) Sim (   ) Não

Qual(is)? ____

____

Há quanto tempo? __________________________________

Plano de saúde: ________________________ Tel.: ____________

Médico responsável: _____________________ Tel.: ____________

Toma bebidas alcoólicas? ( ) Sim ( ) Não

Com que frequência? ______________________________

Fuma? ( ) Sim ( ) Não

Apresenta (ou já apresentou) alguns dos problemas de saúde abaixo:

( ) pressão baixa

( ) pressão alta

( ) diabetes

Em caso de diabetes, toma insulina? Quem aplica e quantas vezes ao dia? ______________
____

( ) Outras doenças? Qual(is)? ______________________________
____
____

Tem alergia a algum medicamento ou alimento? Qual(is)? ______________
____
____

Já passou por cirurgias? De quê? ______________________________
____

Sabe nadar? ( ) Sim ( ) Não

O que mais gosta de fazer nos momentos de lazer? ______________
____

Qual(is) sua(s) comida(s) preferida(s)? ____
____

Pratica ou praticou algum esporte? (   ) Sim   (   ) Não

Qual(is)? ____
____

Gosta de caminhar ou jogar? O quê? ____
____

Gosta de ler (livros, revistas, jornais)? ____
____

Gosta de assistir televisão? O quê? ____
____

Gosta de ouvir música? De que tipo? ____
____

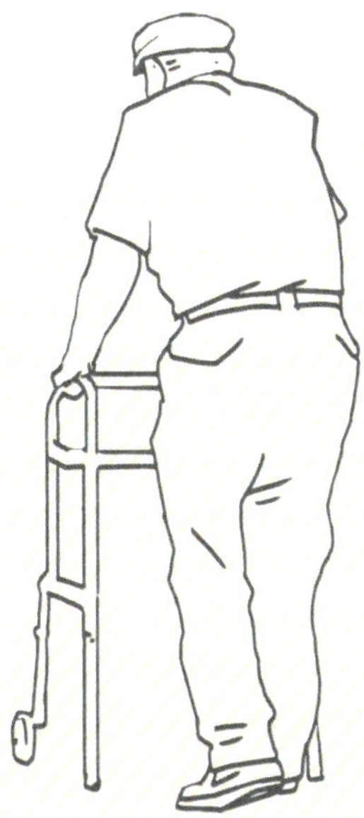

Cuidando do cuidador: sua saúde em primeiro lugar

Antes de começar a estudar as rotinas de trabalho da profissão que você escolheu, é chegada a hora da autoavaliação, pensar em como você está cuidando de si. Quando é que você pensa na sua saúde? Quanta importância tem dado ao seu bem-estar físico e emocional? Sua aparência está adequada à ocupação de cuidador? E sua relação com as pessoas ao seu redor? Tem encontrado maneiras de se atualizar profissionalmente?

Sem dúvida, seu tempo é corrido demais para refletir sobre tudo isso ao mesmo tempo. Mas, para quem se dedica a cuidar de alguém, cuidar de si é um meio de renovar a disposição e a confiança naquilo que faz. Conscientize-se, então, de que é preciso encontrar tempo para cuidar de seu corpo, para estar junto da sua família, para analisar suas atitudes, para seguir crescendo na sua área. Mas... Por onde começar?

A profissão de cuidador é sinônimo de dedicação ao outro, seja à criança ou ao idoso. Dos olhos e da sensibilidade de um bom profissional nada deve escapar. Por tudo ele se cobra e será cobrado, com um nível tão elevado de responsabilidade, que acontece frequentemente de o cuidador deixar-se de lado, deixar-se em segundo plano.

Resfriado não é nada, sobrepeso pode começar a ser resolvido com uma dieta na semana que vem, dores aqui e acolá vão passar com aquela dica que o amigo deu, estresse é bobagem e por aí vai...

Acontece que alguns problemas mal resolvidos podem resultar em comprometimentos mais sérios da saúde. Para evitar chegar a esse estágio, o melhor remédio é a prevenção.

No que diz respeito ao bem-estar físico e emocional, pequenas atitudes no dia a dia podem fazer uma grande diferença no futuro. Que tal começar reavaliando seus hábitos em termos de alimentação, postura corporal e entretenimento? Vamos ver o que está ao seu alcance?

Alimentação

Quando se fala em alimentação saudável, muita gente pensa logo em dieta. Se você também faz essa associação, é hora de rever seus conceitos. Alimentação saudável é um hábito que tem apenas efeitos positivos. Quer exemplos? Traz benefícios para o coração, ajuda a manter sob controle a hipertensão e o diabetes, reduz o sobrepeso e, com isso, evita a sobrecarga para ossos e músculos.

De acordo com nutricionistas, comer de forma saudável é comer diversas vezes ao dia, pouca quantidade e em horários regulares. Mas comer o quê? Para não errar, escolha os alimentos naturais e não os industrializados e evite as frituras. Trocando em miúdos, o ideal é comer aquilo que vem da natureza, como arroz, feijão, carnes diversas, legumes, verduras e frutas. Alimentos industrializados (aqui estamos falando de tudo que vem embalado das fábricas) não estão proibidos, mas devem ser exceção. Assim como deve ser evitado o excesso de sal, açúcar e bebidas alcoólicas.

Para não cair em tentações que coloquem sua saúde em risco, procure, logo cedo, planejar a sua alimentação para o dia todo, considerando seis refeições: café da manhã, lanche da manhã, almoço, lanche da tarde, jantar e ceia. Se tiver dificuldades no preparo dos alimentos, na organização do seu cardápio ou problemas crônicos de saúde, marque uma consulta com um profissional de saúde. E lembre-se: a alimentação saudável deixa qualquer um mais disposto para se divertir e trabalhar.

Postura corporal

Abaixar e levantar, segurar o bebê no colo, ficar atrás de criança que começou a andar e a correr, apoiar e movimentar o idoso: essas tarefas têm impacto sobre os ossos e os músculos do cuidador. Não é à toa que os incômodos posturais estão entre as principais queixas desse profissional.

Caso você sofra de dores nas costas, nos ombros, no pescoço, nos braços e nas pernas por causa do esforço que realiza diariamente, aqui vão algumas dicas que podem aliviar os problemas e, principalmente, evitar que eles evoluam.

Ao acordar... Procure espreguiçar-se ainda deitado, esticando os braços acima da cabeça e as pernas. Fique de pé e repita o movimento.

Para andar... Fique atento à sua postura. Imagine que há um fio no alto da sua cabeça, puxando você sempre para cima e mantendo a sua coluna reta.

SÍNDROME DE BURNOUT

Médicos, enfermeiros, psicólogos, professores e cuidadores são alguns dos profissionais que costumam ser atingidos pela síndrome de Burnout, frequentemente confundida com depressão.

Na verdade, não deixa de ser uma manifestação depressiva, que tem como causa o esgotamento profissional. No caso dos cuidadores, a síndrome de Burnout (estresse associado ao trabalho) está mais associada ao trato com idosos.

As dificuldades na rotina, as doenças degenerativas e também a morte da pessoa cuidada podem abater o profissional de forma severa, fazendo com que ele se sinta esgotado física e emocionalmente. A partir de então, ele pode apresentar comportamento agressivo, mudanças bruscas de humor, irritabilidade, ansiedade, pessimismo, dificuldade de concentração e baixa autoestima.

Associados ao mal-estar emocional, surgem problemas físicos, como cansaço, insônia, distúrbios gastrintestinais, entre outros. Se você se sentir assim, procure um médico, pois apenas ele poderá confirmar o diagnóstico da síndrome e indicar o melhor tratamento ao seu caso.

Ao sentar-se... Lembre-se do fio que puxa você para cima e mantenha a coluna reta. Nesta posição, evite cruzar as pernas para que um membro não pese sobre o outro e comprima a circulação.

Para vestir-se... Movimente braços e pernas de forma suave, assim você evita distensões e contraturas. Na hora de calçar os sapatos, procure se sentar para não forçar a coluna.

Ao abaixar-se... Nada de ficar de pé e curvar a coluna. O certo é descer todo o corpo, dobrando os joelhos, encolhendo a barriga e mantendo a coluna reta. Na hora de levantar, a força precisa se concentrar nas pernas, não na coluna.

Para falar ao telefone... Segure o aparelho com uma das mãos e não o apoie entre o ombro e o pescoço.

Ao lavar e passar roupa... A coluna, mais uma vez, deve permanecer reta. Tenha por perto um banquinho – ou apoio similar com cerca de um palmo de altura – para manter um dos pés sempre elevados. De tempos em tempos, alterne o pé em elevação.

VAMOS ALONGAR PESCOÇO, OMBROS, BRAÇOS, MÃOS, JOELHOS E PERNAS!

Sempre que possível, dê uma pausa nas suas atividades para alongar-se. Os alongamentos devem ser feitos com movimentos lentos e suaves. Os exercícios aqui apresentados são básicos, mas, se você tem algum problema postural ou na coluna vertebral, o ideal é que os exercícios sejam orientados por professor de educação física, fisioterapeuta ou terapeutas ocupacionais.

- De pé ou sentado, mas sempre com a coluna reta e a barriga encolhida, movimente a cabeça para a direita e para a esquerda, para a frente e para trás suavemente.

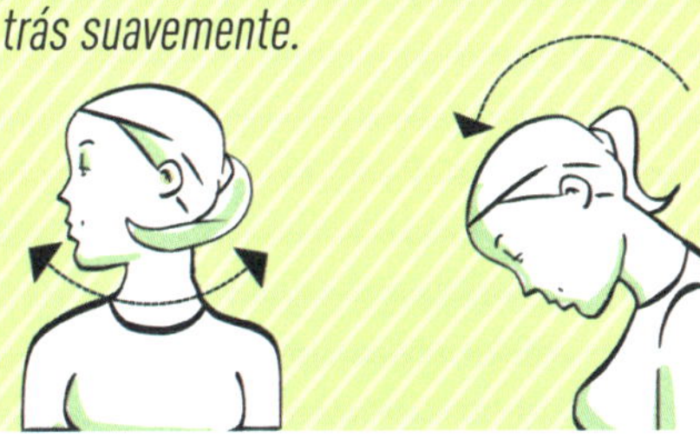

- Incline a cabeça para a esquerda, como se fosse encostar a orelha no ombro, e segure-a com a mão esquerda sem forçar. Permaneça nesta posição por 15 segundos. Repita o movimento para o lado direito.

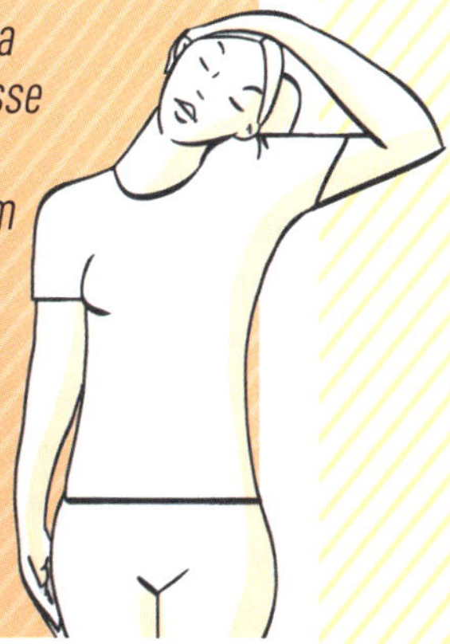

- Incline a cabeça para a frente, como se fosse encostar o queixo no peito, e segure-a com as duas mãos, fazendo uma suave pressão. Permaneça nesta posição por 15 segundos e retorne lentamente.

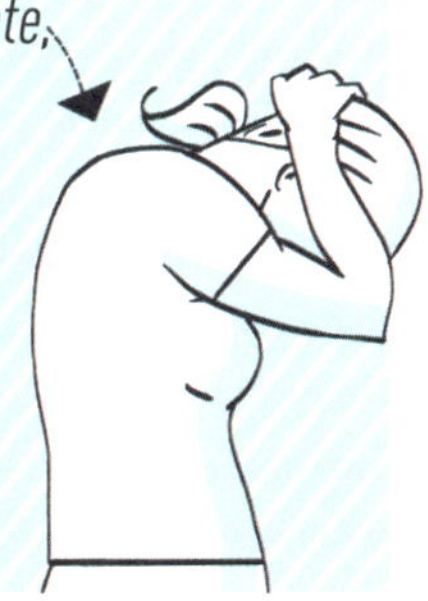

- Levante os ombros em direção às orelhas, inspire nesta posição e expire retornando. Este movimento pode ser repetido três vezes.

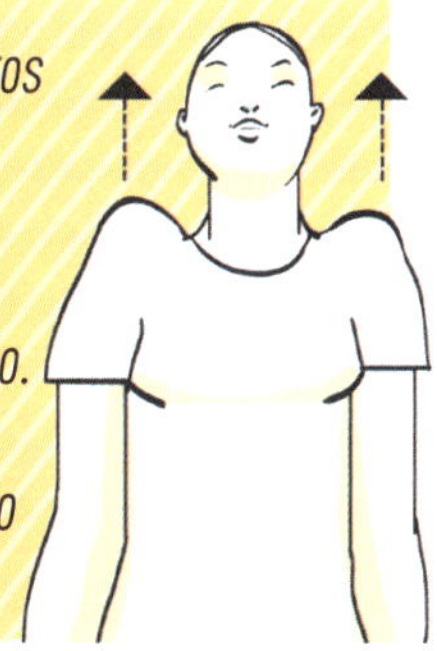

- Gire os ombros para a frente três vezes e para trás outras três. Sempre lentamente.

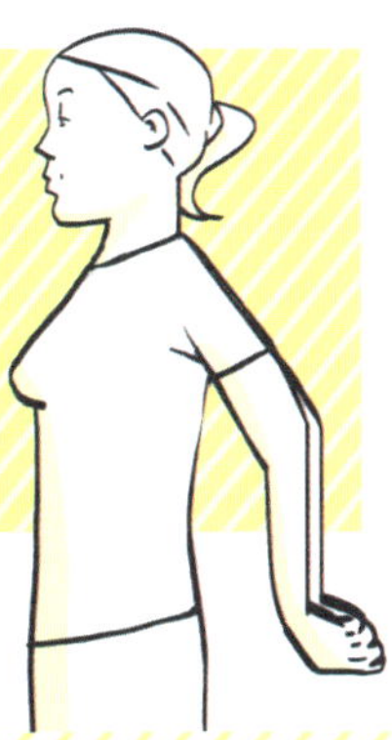

- Com os braços esticados ao longo do corpo, gire as mãos para fora e para dentro também três vezes.

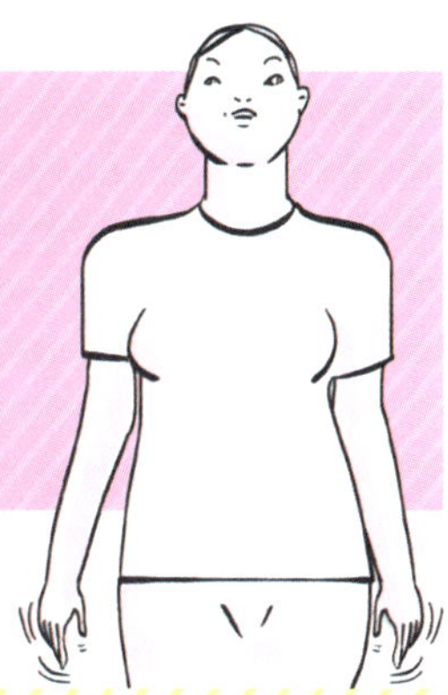

- *Estique o braço direito para a frente e levante-o até a altura do ombro. Deixe a palma da mão virada para a frente e os dedos voltados para baixo e, com a mão esquerda, force suavemente os dedos para trás por 15 segundos.*

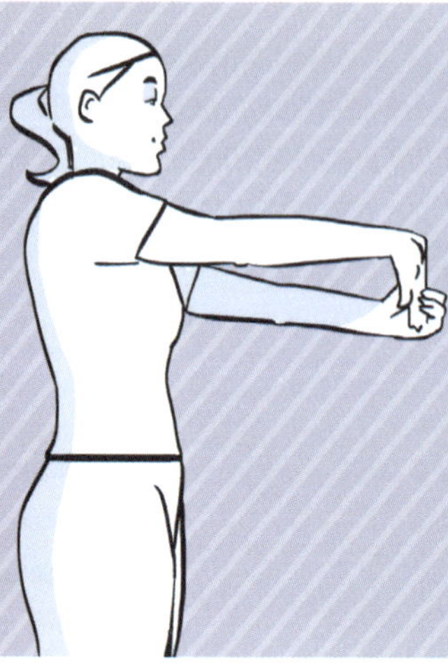

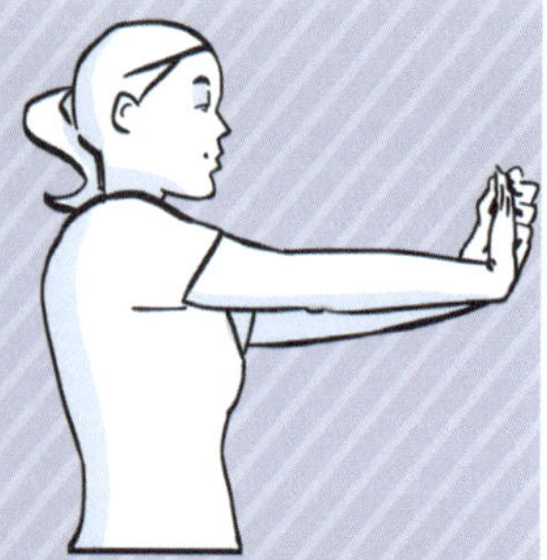

Troque as mãos. Repita o exercício com os dedos das mãos voltados para cima.

- *Fique de pé e abra as pernas, deixando os pés na direção dos ombros. Com os joelhos levemente dobrados, abaixe a cabeça, encostando o queixo no peito, e curve-se para a frente, como se você quisesse enrolar o corpo. Deixando os braços soltos, relaxe contando até dez e retorne à posição inicial lentamente. Ao menor sinal de tontura, não faça mais esse exercício.*

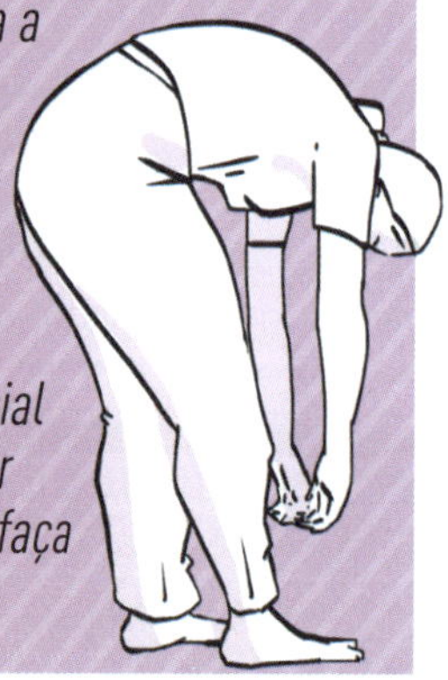

- *Novamente de pé, apoie a mão direita no batente de uma janela, retire a perna esquerda do chão, dobrando-a para trás e segure-a com a mão esquerda por 15 segundos. Procure manter as duas coxas unidas. Repita o exercício com a outra perna.*

- *Ainda de pé, separe as pernas, deixando os pés na direção dos ombros. Dobre levemente os joelhos e encaixe os quadris. Coloque as mãos na cintura e estique uma das pernas o quanto puder para a frente, levantando-a suavemente e fazendo pé de bailarina por 15 segundos. Relaxe e repita o movimento do outro lado.*

Entretenimento

Distrair-se, divertir-se. Colocar esses verbos em ação tem tudo a ver com saúde e bem-estar, sobretudo no caso do cuidador. Por melhor que seja o seu ambiente de trabalho, a rotina de cuidar de alguém é consideravelmente cansativa, podendo ser também estressante, dependendo da situação da pessoa cuidada.

Para renovar suas energias – e, em alguns casos, aliviar a sobrecarga emocional da ocupação –, o cuidador deve ter vida além do trabalho. Isso quer dizer que manter um *hobby*, praticar esporte, cantar, dançar ou realizar qualquer atividade que lhe traga prazer durante a semana pode ser relaxante e saudável.

Da mesma forma, é importante cultivar laços de amizade e laços familiares, porque conversando ou apenas estando junto de quem a gente gosta nosso humor também melhora e isso significa que o cérebro está liberando substâncias benéficas ao organismo.

Como diz a canção: "Diversão é solução sim!".

Sua imagem diz muito

Quando você vai ao médico ou ao dentista, a aparência desse profissional importa muito, não é mesmo? Afinal de contas, ele vai tratar da pessoa especial que você é. Pois o mesmo acontece com aqueles que contratam um cuidador: eles esperam deixar a sua criança ou o seu familiar idoso querido sob os cuidados de alguém que seja bom no que faz e tenha uma boa apresentação!

Olhe-se no espelho e responda honestamente: "Está tudo bem com a sua aparência?". Para que nada escape da sua autoavaliação, observe os itens considerados indispensáveis à higiene pessoal do cuidador e corrija qualquer desvio antes que chamem a sua atenção.

- Banhos diários limpam o corpo, mas também descansam e fazem relaxar. Lembre-se disso!
- Ao chegar ao local de trabalho, lave bem as mãos e os antebraços e coloque o uniforme (ou outra roupa própria para o trabalho). Cuidar da criança ou do idoso com a roupa que chegou da rua não é boa prática de higiene.
- Mantenha sua roupa de trabalho (seja uniforme ou não) impecavelmente limpa e passada. Se sujar uma peça, troque-a imediatamente.
- Cuide dos seus calçados, mantendo-os limpos e colocando-os para arejar diariamente. Use sempre os confortáveis com sola antiderrapante.
- Lave o cabelo diariamente e use-o sempre preso, a menos que ele seja bem curto e não caia sobre o rosto.
- Use desodorante para conter a transpiração, mas não passe perfume, hidratante ou creme de cabelo com cheiro forte.
- Cuide da sua saúde bucal e do seu hálito, escovando os dentes após as refeições.
- Não use maquiagem forte.
- Não roa as unhas. Conserve-as curtas e benfeitas. No caso das mulheres que usam esmalte, a preferência deve ser pelas cores claras. Se machucar as mãos ao fazer as unhas, medique o ferimento e use luvas para preparar os alimentos.
- Vista-se sempre de forma discreta e confortável. Nada de roupas justas, curtas, transparentes e decotadas. Se dormir na casa da família, use pijamas comportados.
- Não use adereços (pulseiras, colares, anéis ou brincos grandes). Os brincos pequenos estão liberados, desde que o tamanho não ultrapasse o lóbulo da orelha. Essas bijuterias ou joias podem arranhar ou machucar a criança ou o idoso. Sem contar que podem cair sobre os alimentos, se você também for responsável pelo preparo das refeições.

Os profissionais de saúde sempre batem na mesma tecla: lavar as mãos é a maneira mais eficiente de evitar contaminação e prevenir doenças. Você segue à risca esta recomendação?

Sem qualquer exagero, as situações em que a higiene das mãos se faz extremamente necessária são as seguintes:

- ao chegar da rua;
- se tossir ou espirrar cobrindo o rosto com as mãos;
- antes e depois de usar o banheiro;
- antes e depois de preparar os alimentos;
- antes e depois de cuidar de qualquer parte do corpo da criança ou do idoso.

Aliás, o menino ou a menina, assim como o senhor ou a senhora sob seus cuidados, devem ser alertados para proceder da mesma forma. Agora, quem é que sabe lavar bem as mãos? Veja o passo a passo:

1. Umedeça as mãos e os antebraços. Passe sabão ou sabonete nas palmas das mãos e nos punhos, em movimentos circulares.

2. Esfregue as palmas e as costas das mãos, entre os dedos, o limite entre as unhas e os dedos e os antebraços. Realize esses movimentos enquanto recita o alfabeto.

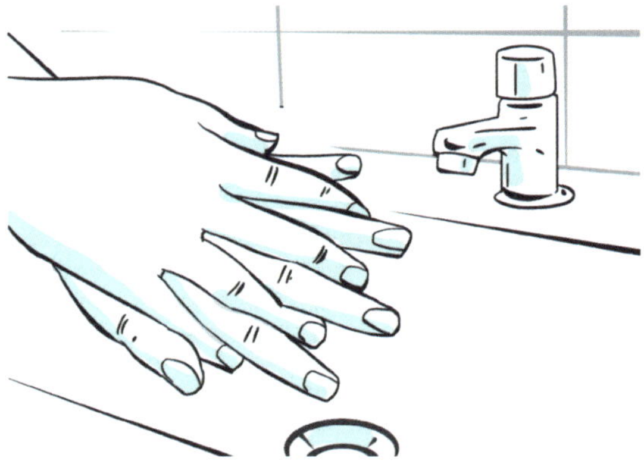

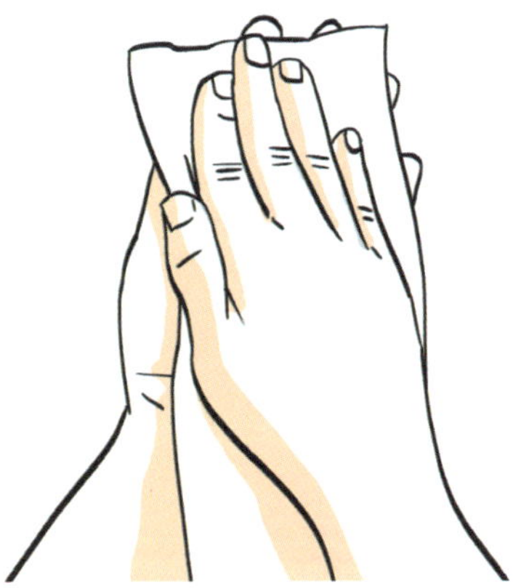

3. Enxágue e seque as mãos em toalha limpa ou use papel toalha. Descarte o papel toalha no lixo.

4. Passe álcool 70%, esfregue as mãos e deixe secar naturalmente. Ele pode substituir, às vezes, a higienização com água e sabão, mas o ideal é fazer os dois procedimentos. Se não houver álcool 70%, use álcool gel.

Conquiste pelo seu comportamento

A boa impressão passada na entrevista e a atenção demonstrada nos primeiros dias de trabalho precisam perdurar e amadurecer. Isso significa que você, cuidador, periodicamente pode analisar a sua postura profissional para manter o mais alto padrão de qualidade no trato com a criança ou o idoso e também com a família.

A confiança depositada em você pode ser revalidada ou interrompida conforme o seu comportamento. Aliás, esta palavra resume qualidades imprescindíveis à sua função, como ser gentil, tolerante, organizado, atencioso, despachado e otimista.

No cuidado de crianças, o comportamento do cuidador precisa ser exemplar, tendo em vista que a criança reproduz aquilo que recebe e vivencia. Se ela é tratada como deve ser, com respeito, delicadeza e atenção e convive com sua babá em harmonia, os pais sentirão confiança, serão gratos e terão a profissional que contrataram na mais alta conta.

A relação com idosos é bastante diferente e exige muita paciência do cuidador. Nem sempre é fácil lidar com a agressividade ocasional dos idosos, com a resistência que eles apresentam diante das mais simples atividades de rotina e várias outras situações que consomem o cuidador física e emocionalmente. Mas se você escolheu esta ocupação é porque se considera preparado para agir com jogo de cintura, firmeza, bom humor e educação diante de qualquer adversidade.

Cabe lembrar que, por mais que pareça da família, o cuidador é um empregado e deve agir como tal, respeitando as regras da casa. Deve estar sempre vigilante para evitar falar ou rir muito alto, usar o telefone com frequência (mesmo que o aparelho seja seu), usar gírias ou palavrões e levar problemas pessoais para o trabalho.

O bom profissional também é valorizado pela sua discrição, por não comentar com pessoas de fora aquilo que se passa na casa em que trabalha, preservando a intimidade e até mesmo a segurança da família.

Colhendo os frutos

Para finalizar, devemos ser práticos e realistas: a criança cresce, o idoso se vai e você, cuidador, como fica? Para os que cumprem bem o seu papel ao lado da criança ou do idoso, não faltarão ofertas. Mas nada de se deixar levar pela soberba. Mostre segurança naquilo que faz sem esquecer que, em qualquer área, temos sempre algo novo a aprender. E lembre-se: novos empregadores sempre buscarão referências suas, portanto mantenha uma conduta correta em todas as situações. Um elogio pode valer um novo emprego!

Ao começar a trabalhar, esqueça-se dos hábitos e da rotina de seu emprego anterior. Você deve adaptar-se às regras da nova família. Jamais faça comparações. E, se pela sua experiência achar que pode dar alguma sugestão, faça isso na hora certa e com educação.

Não descuide do seu português e atualize-se na sua área, lendo, estudando, assistindo a palestras, fazendo novos cursos. Invista em você e colherá os frutos!

2

Cuidando de crianças

Parabéns, você acaba de ser contratada como cuidadora de criança ou, se preferir, como babá. Provavelmente foi selecionada entre diversas candidatas ou muito bem recomendada. Isso quer dizer que tem pela frente um grande desafio: provar para o seu empregador que ele fez a escolha certa.

É hora de mostrar a sua vocação para cuidar de crianças e o seu profissionalismo para cumprir a rotina e lidar com situações imprevistas. Mas, acima de tudo, é hora de tornar-se alguém de confiança.

Respire fundo e vá em frente!

O primeiro contato com a criança

Passar pela avaliação dos pais é, sem dúvida, uma prova de fogo. Acontece que o seu sucesso no emprego depende da sua habilidade em conquistar a criança. Nas novelas, isso costuma ocorrer logo no primeiro encontro. Mas, na vida real, o laço entre babá e aquele que está sob seus cuidados vai se estreitando com a convivência.

Ninguém escapa do desconforto do começo – nem a babá, nem os pais, nem a criança. O período de adaptação é para todos. Porém o empregado é quem deve se empenhar e se cercar de cuidados para que as primeiras impressões sejam positivas.

Com o objetivo de reduzir as chances de um contato inicial turbulento, certifique-se de que os pais (ou, pelo menos, um deles) tenham disponibilidade para passar alguns dias em casa, enquanto a criança se acostuma com a sua presença e com o fato de que, a partir de então, você cuidará dela. Isso será importante para todos: os pais terão a oportunidade de observar a forma como a babá interage com o filho (ou a filha); a criança perceberá a babá como alguém que está chegando para cuidar dela e não para substituir seus pais; e você terá a chance de ver como a família se relaciona e como pode se encaixar na rotina deles.

Logo que for apresentada à criança, independentemente da idade, dedique a ela toda a atenção. Caso ela já fale ou possa compreender o que você diz, crie uma situação de aproximação, pedindo, por exemplo, que ela lhe mostre os brinquedos favoritos. No caso de bebês muito pequenos, tente perceber o melhor momento de pedir aos pais para pegá-los no colo. Afinal, nesta fase, a proximidade começa com o acolhimento.

A babá é alguém que chega para cuidar, dar atenção e fazer companhia. Em meio a tarefas e brincadeiras, é natural que surja o afeto entre a profissional e a criança. Aliás, a relação de confiança vai se construir a partir daí, e bem sabemos que meninos e meninas precisam se sentir queridos para se desenvolverem plenamente.

Babás, no entanto, são profissionais e devem entender que são um apoio à família, mas não substituem ninguém. Devem ainda saber que precisam ser firmes para fazer a criança compreender as regras determinadas pela família e, ao mesmo tempo, incentivar a criança a realizar pequenas conquistas no seu dia a dia.

Por último, as babás devem ter a clareza de que, como qualquer ser humano, não são perfeitas, mas são depositárias de uma confiança infinita à qual precisam corresponder.

Babá e criança: a cada etapa, uma rotina

Muitos pais são marinheiros de primeira viagem e, por mais que não digam diretamente, esperam que a babá domine o universo de cuidados da criança a ponto até de lhes ensinar algumas técnicas que facilitem a rotina. Outros pais, porém, sabem se virar muito bem e têm clareza de como querem conduzir os cuidados com seus filhos.

Em qualquer caso, cabe à babá mostrar segurança na sua prática com crianças para transmitir tranquilidade aos pais e criar uma relação de parceria, fazendo do seu ambiente de trabalho um espaço de prazer e confiança mútua.

A segurança se evidencia nos detalhes dos cuidados com a criança, como na hora de trocar as fraldas, de acalmar o choro, de conduzir uma brincadeira, de dar comida, de elogiar, de colocar para dormir, de dar banho, de agir em situações imprevistas e de controlar a rotina diária para fazer cada coisa a seu tempo.

A parceria será firmada quando ficar nítido que a babá sabe aliar a sua técnica à forma como a família conduz os cuidados com seu(s) filho(s). Afinal, em

NOSSO FOCO: CRIANÇAS DE 0 A 5 ANOS DE IDADE

Este livro traz informações sobre o cuidado com crianças de 0 a 5 anos de idade, porque é neste período que meninos e meninas são mais dependentes, necessitando de maior estímulo e atenção ao seu desenvolvimento para trilhar o caminho de uma vida adulta saudável e organizada.

cada casa as relações se estabelecem de determinado jeito, e o profissional tem de saber dançar conforme a música.

É impossível prever o tipo de família que lhe abrirá a porta, mas é certo que, ao passar por ela, você precisa mostrar a que veio. Então, mãos à obra!

Recém-nascido

Cabe a você cuidar de um bebezinho que acaba de nascer? Que privilégio poder participar dos primeiros momentos de alguém recém-chegado ao mundo, mas que responsabilidade também! Você estará ao lado da família para dar as boas-vindas a esse bebê que passou nove meses no útero materno – um lugar agradável, aquecido, onde era embalado pelo ritmo das batidas do coração de sua mãe.

Do lado de fora, é claro que ele se sentirá seguro e tranquilo ao encontrar um ambiente acolhedor. Portanto, não tenha medo de lhe dar colo, isso não vai deixá-lo manhoso e, sim, confiante. Aproxime-o de seu corpo, apoiando o pescoço e a cabeça. Depois, converse, cante, embale-o com delicadeza e faça carinho. Muito em breve ele irá reconhecer você pela voz e pelo toque.

Comer e dormir

Sim, esta é a vida dos recém-nascidos: comer e dormir. A babá, nesta fase, deve assegurar que o sono do bebê seja calmo e deve lembrar à mãe que não é recomendável um intervalo entre mamadas superior a quatro horas.

Na verdade, nesse começo de vida, o bebê costuma mamar com intervalos mais curtos e sem qualquer regularidade. As mães, em geral, ficam extremamente cansadas. Além de ajuda da babá, muitas precisam de suporte emocional. Sempre que possível, fale à mãe palavras de incentivo, diga como está se saindo bem e como é bom ela estar disponível para alimentar seu bebê exclusivamente no peito.

E, falando em mamar, não custa dizer às mamães que o bebê deve ser estimulado a esvaziar um peito antes de passar para o outro. É que o leite do final da mamada é mais rico em gorduras, dando à criança saciedade e maior ganho de peso.

Nos dois primeiros meses, as mamadas devem ser oferecidas de acordo com a vontade do bebê – lembrando, porém, que nessa fase os intervalos não devem ser superiores a quatro horas. Depois disso, a criança tende a adquirir mais prática em sugar, e, com isso, seus horários se tornam mais regulares.

Barulhinho bom

Enquanto mamam, os bebês costumam engolir ar, o que pode provocar certo desconforto e choro. Para evitar isso, após cada mamada, coloque uma fralda de pano sobre o seu ombro e segure o bebê em pé, apoiando a cabeça dele. Quando a posição estiver confortável, dê tapinhas suaves no bumbum (algumas pessoas batem nas costas, mas isso não é recomendável por favorecer o refluxo). Em algum tempo, você vai ouvir um barulhinho – o arroto! – indicando que o ar engolido saiu. Algumas crianças nem sempre arrotam e isso não é motivo de preocupação.

CUIDADOS COM SUA IMAGEM PESSOAL

Você já sabe que a sua experiência está sendo colocada à prova, a começar por sua aparência e cuidados pessoais. Pelo seu emprego e, principalmente, pela saúde da criança, não vacile.

Use roupas claras e confortáveis, que deem uma amostra da sua limpeza e permitam agilidade nos movimentos. Os sapatos devem ser sem salto e não convém fazer uso de maquiagem ou bijuterias. Finalmente, sempre que for tocar ou pegar o bebê, lave mãos e antebraços com água e sabão.

Fraldas para que te quero

Bebês não avisam que sujaram as fraldas, portanto a babá deve estar sempre atenta para trocá-las quando estiverem molhadas ou sujas. Como a pele do bebê é muito fina e delicada, use um algodão umedecido em água morna (ou lenço umedecido; estes devem ser usados apenas quando se está na rua) para fazer a higiene local, mas sem esfregar. Em seguida, passe uma finíssima camada de pomada preventiva de assaduras.

Para que não restem dúvidas nessa tarefa que se repetirá tantas vezes ao longo do dia, preste atenção nas etapas da troca de fraldas.

1. Antes de pegar o bebê, separe todos os itens necessários para a troca de fraldas (algodão umedecido em água morna ou lenço umedecido, pomada e fralda), assim você evita sair de perto dele.

2. Coloque o bebê em lugar confortável para ser trocado e que, ao mesmo tempo, dê a você liberdade de movimentos.

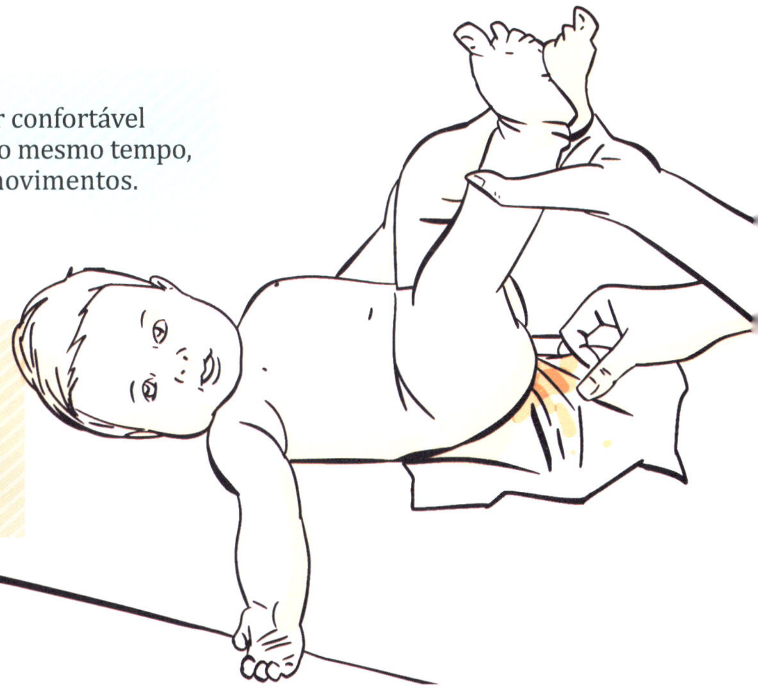

3. Tire a parte de baixo da roupa do bebê e levante cuidadosamente suas pernas para retirar a fralda suja.

4. Com o algodão (ou lenço umedecido) limpe a pele do bebê, retirando todos os vestígios de urina ou fezes. Nas meninas, abra suavemente os grandes lábios do órgão genital e limpe-os de cima para baixo, em direção ao ânus. Para repetir esta operação, use novo algodão ou lenço. No caso dos meninos, limpe primeiro o pênis, o saquinho e, por último, o bumbum.

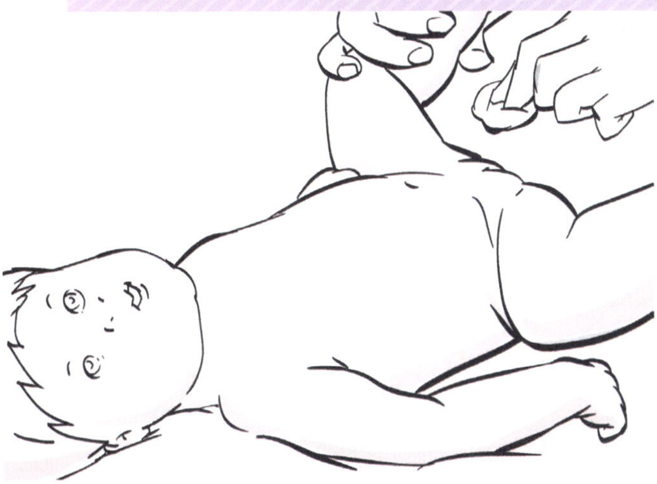

5. Seque a região com um pano macio e, em seguida, com o dedo indicador, passe uma fina camada da pomada recomendada pelo pediatra para prevenir assaduras. Caso o bebê esteja assado, procure deixá-lo sem fraldas por alguns momentos ao longo do dia. Se a assadura persistir por mais de uma semana, comunique aos pais. O pediatra deve ver o bebê.

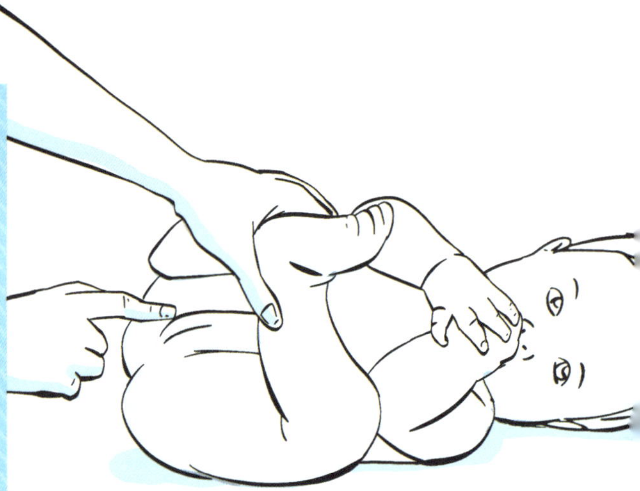

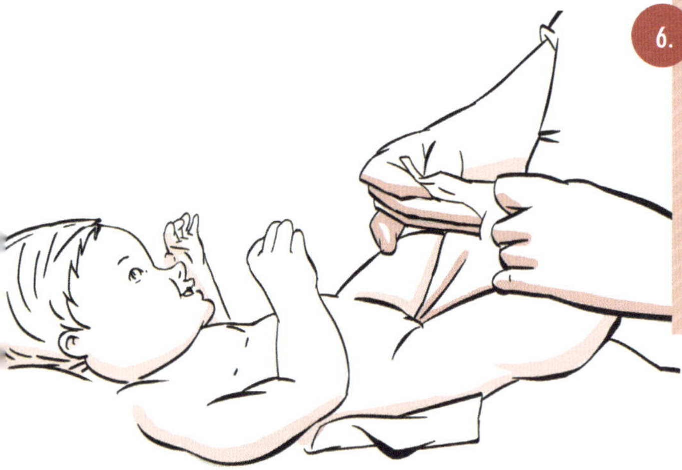

6. Por fim, coloque a fralda limpa e ajuste o elástico das pernas, de modo que fique bem ajustada, mas não apertada. No caso de fralda de pano, pode-se usar uma calça plástica por cima. Observe se nenhuma parte de pano está sobrando para evitar vazamentos.

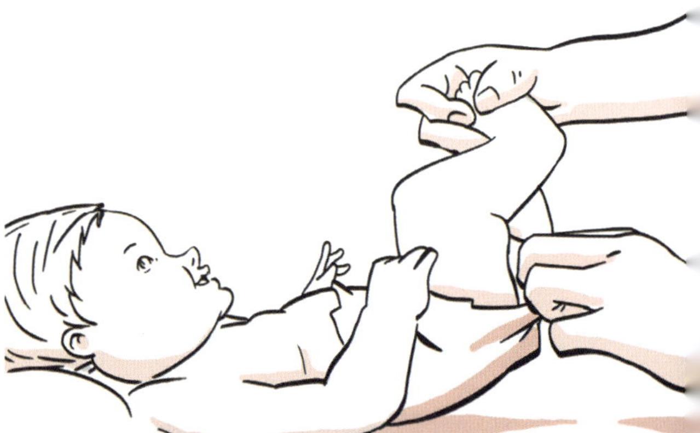

QUE NOME VAMOS DAR?

É importante que a babá chame as partes íntimas da criança pelo mesmo nome que a mamãe. Isso evita desconfortos em determinadas situações do dia a dia. Você, babá, pode tomar a iniciativa e perguntar para a mamãe que nome ela gostaria de usar para os órgãos genitais. Há tantos termos na língua portuguesa: desde os mais delicados até os mais médicos, digamos assim. A mamãe vai gostar desse cuidado.

Brincando de boneca

Tanto para a mãe quanto para a babá, arrumar o bebê é um prazer. Mas a tarefa requer cuidado e agilidade para não machucar nem irritar o pequeno. As partes de baixo de macacões, calças, calcinhas e *shorts* são as mais fáceis: basta encaixar os pés e subir a calça ou abotoá-las, conforme o modelo.

Já a parte de cima dos macacões de abotoar na frente exige um pouco mais de técnica: o ideal é arregaçar uma das mangas e enfiar o braço do bebê, puxando a mão suavemente até ela sair da manga; em seguida, passar a roupa pelas costas e repetir o procedimento com o outro braço.

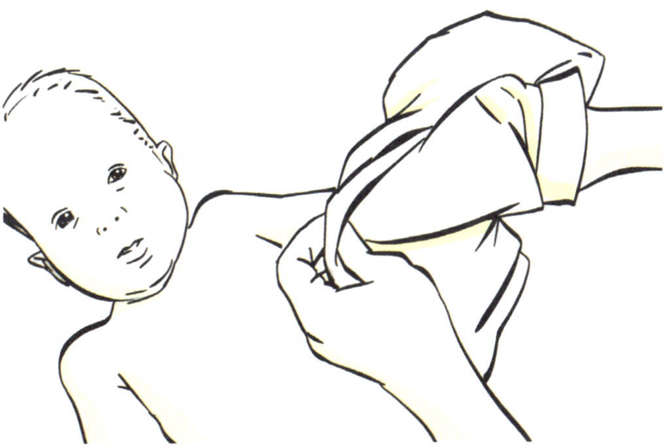

DE BEM COM O BALDE

Uma babá bem informada deve saber que algumas famílias retomaram o hábito de usar fraldas de pano. Em geral, essa escolha se deve ao fato de que as fraldas descartáveis contribuem para o aumento do volume de lixo produzido, o que, consequentemente, agride mais o meio ambiente. As fraldas de pano, como são reutilizáveis, não provocam esse impacto, mas exigem grande cuidado com sua higienização.

Como nem sempre sobra tempo para lavar as fraldas de pano após cada troca, separe dois baldes para acumular um número razoável de peças e lavá-las pelo menos depois de 30 minutos de molho (ou ao final do dia, se não tiver jeito!). Um dos baldes deve conter apenas água, para colocar de molho as fraldas molhadas de urina. O outro balde deve conter água e sabão, para as fraldas sujas com resíduos de fezes (só coloque essas fraldas no balde depois da remoção das fezes).

Na hora de lavar, enxágue uma a uma em água corrente para retirar resíduos persistentes de fezes. Depois, de acordo com a indicação da família, finalize a lavagem à mão ou na máquina.

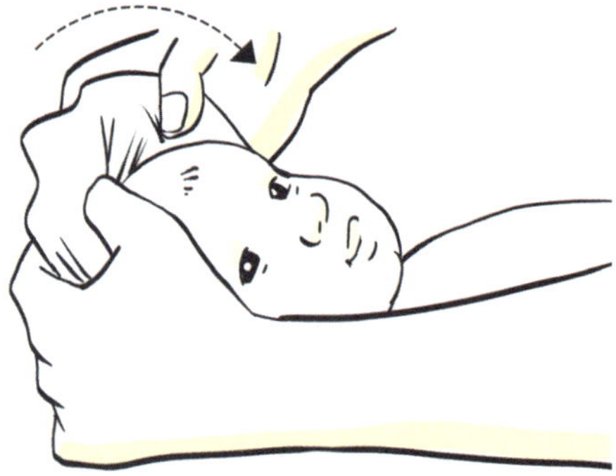

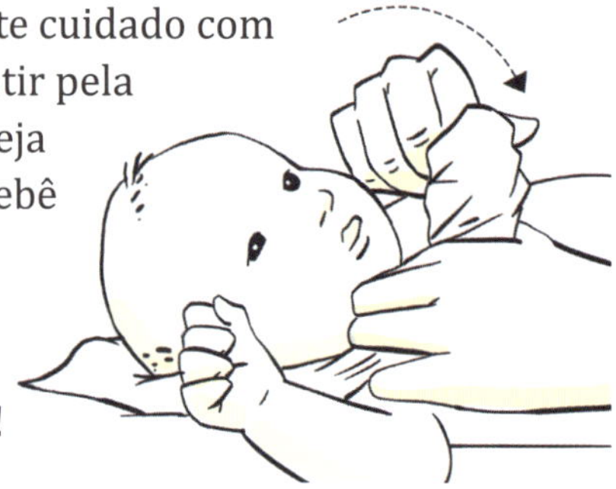

Tenha bastante cuidado com roupas de vestir pela cabeça – proteja a coluna do bebê e seja rápida para que eles não chorem incomodados!

Umbigo, um dilema!

Ainda hoje, algumas pessoas acreditam que o umbigo da criança não deve ser tocado até cair. Nada disso! Após o banho, você deve secar o umbigo com cuidado e usar uma gaze ou algodão para limpá-lo com álcool 70%, que ajuda tanto na higienização quanto na cicatrização do coto umbilical. Não use faixas para amarrá-lo, deixe-o do jeito que veio da maternidade. Higienize o coto três vezes ao dia até que caia naturalmente.

Algumas vezes o bebê sai da maternidade com o *clamp* (objeto semelhante a um pregador) preso ao coto umbilical. O *clamp* pode servir de apoio para movimentar o coto e facilitar a aplicação do álcool na sua base.

Avise os pais se perceber alguma secreção ou vermelhidão na área do umbigo.

Que cor é essa?

Alguns pais se espantam com a aparência das fezes do recém-nascido – elas costumam ser escuras e pegajosas, como uma graxa. Uma semana depois se tornam esverdeadas e quase líquidas. Nesta fase, os bebês costumam trocar uma fralda depois de cada mamada, mas tranquilize a família, não se trata de diarreia. Também pode acontecer de o bebê que se alimenta exclusivamente no peito passar de três a sete dias sem evacuar. Após esse período, recomenda-se informar o pediatra, porque pode ser prisão de ventre.

A hora do banho: preparativos

Levando em conta a organização necessária, o banho do bebê é quase um ritual. Veja só ao que você, babá, precisa estar atenta antes de iniciar o banho.

- Separar as roupas que o bebê vai usar e todos os itens do banho do bebê.
- Fechar portas e janelas do quarto ou do banheiro.
- Lavar a banheira e colocar água morna, de forma que o volume fique abaixo da metade.
- Verificar se a temperatura da água está adequada com o termômetro de banheira ou com o antebraço, lembrando que, como a pele do bebê é muito delicada, aquilo que para nós é morno pode ser muito quente para ele. Portanto, a água do banho deve ser morna para fria, por volta de 32 °C.
- Separar o sabonete (de preferência, líquido, neutro e específico para bebês).
- Finalmente, tirar a roupa do bebê e a fralda suja. Com o algodão (ou lenço umedecido) limpe a pele do bebê, retirando todos os vestígios de urina ou fezes, para não sujar a água do banho. Faça essa limpeza conforme as explicações dadas anteriormente.
- Agora o banho pode começar...

A hora do banho: mãos à obra

Agora é que são elas! Durante o banho é preciso conciliar firmeza com delicadeza, para não deixar o bebê escorregar nem machucá-lo. As imagens a seguir devem ajudar.

1. No caso do bebê bem pequeno, coloque o corpo dele apoiado no seu antebraço e a cabeça, na sua mão. Nesta fase em que são miúdos, você consegue proteger as orelhas dele com o seu polegar e o dedo médio.

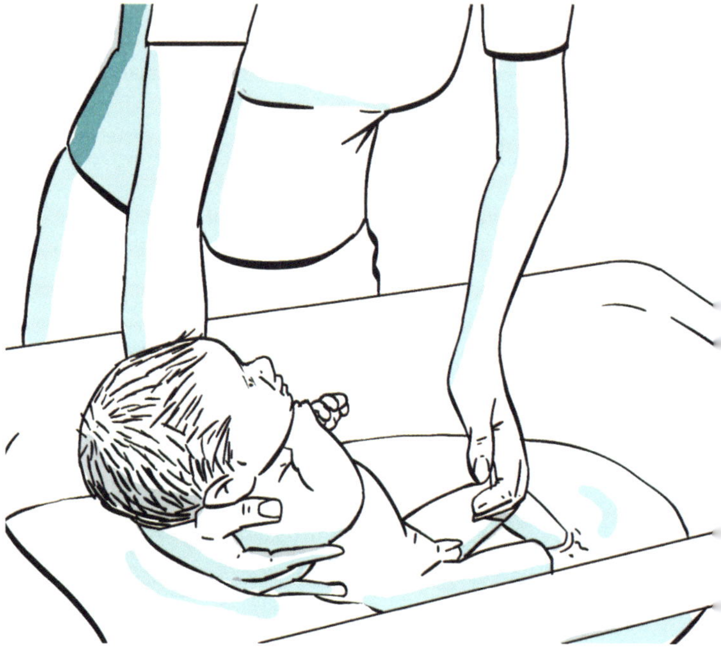

Se o bebê for um pouco maior, segure-o pela axila, de forma que a cabeça dele se apoie em seu braço.

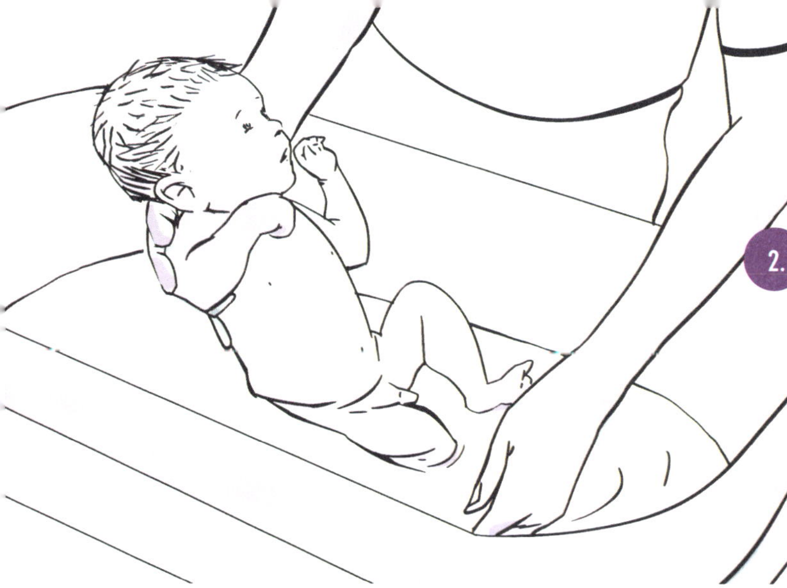

2. Com a mão livre, lave e enxágue a cabeça, em seguida, o rosto e, depois, o corpo. É importante tomar cuidado para a espuma não entrar nos olhos, no nariz e na boca do bebê. Lave com muita delicadeza os genitais.

3. Vire o bebê de forma que ele permaneça apoiado em seu braço. Tome cuidado com a cabeça, para prevenir afogamento.

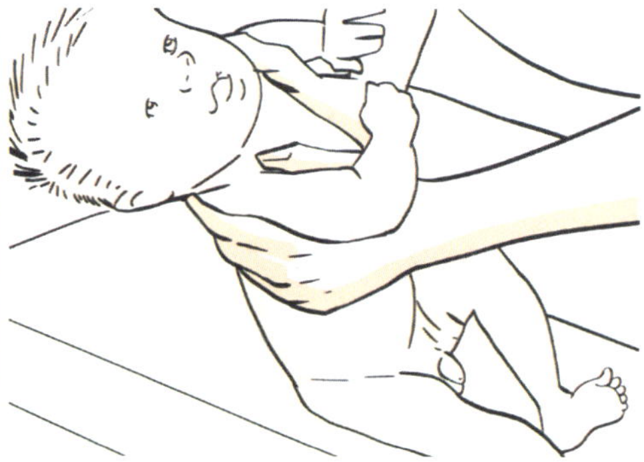

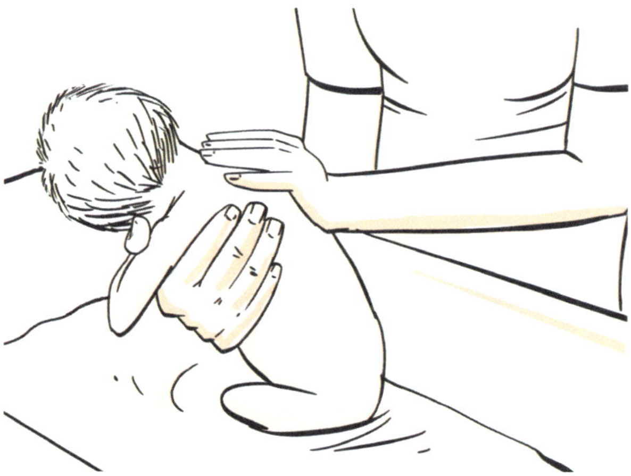

Lave as costas, o bumbum, as pernas e pronto!

4. Ao retirar o bebê da banheira, envolva-o depressa na toalha, para que ele não perca calor. Coloque-o deitado na cama ou no trocador, seque bem todas as suas dobrinhas, passe a pomada contra assaduras e coloque a fralda e a roupa. Depois, limpe e seque o nariz e os ouvidos delicadamente com a ponta da toalha.

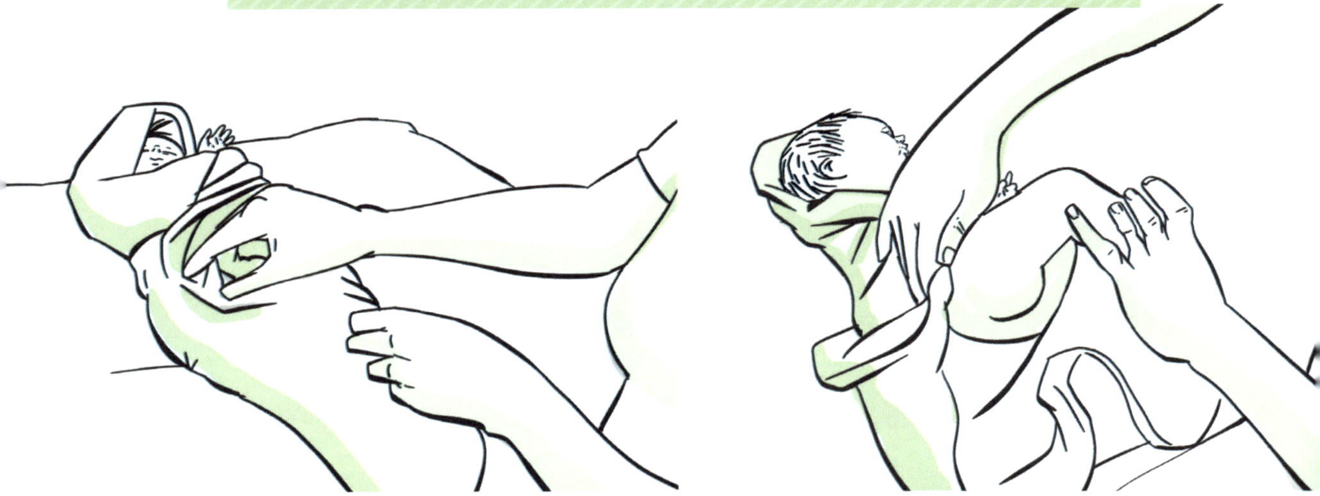

Os pediatras recomendam que os bebês tomem, pelo menos, um banho diário quando o tempo estiver frio e dois ou mais em dias quentes. Mas o sabonete deve ser usado apenas uma vez ao dia, porque seu uso contínuo remove a oleosidade natural da pele, causando ressecamento e diminuindo sua barreira de proteção. Outra recomendação dos médicos é evitar o uso de talcos e perfumes, que podem causar irritações na pele e nas vias respiratórias.

AS UNHAS

As unhas dos bebês crescem muito depressa e precisam ser aparadas constantemente para evitar que eles se machuquem. Mas tome muito cuidado ao cortá-las porque, nesta fase, a unha é extremamente macia e pode ser confundida com a pele.
Os pés merecem atenção especial, porque são muito gordinhos e favorecem que as unhas encravem. Evite cortá-las muito curtas e massageie os cantos dos dedos com óleo mineral após o banho.

Banho de sol

Todo bebê precisa tomar banho de sol, mas você sabe por que isso é importante? Porque o sol ativa a produção da vitamina D, que promove a absorção do cálcio presente no leite. Isso quer dizer que o sol favorece o crescimento da criança e previne doenças relacionadas aos ossos.

Mas lembre que hoje os dermatologistas recomendam o uso de protetor solar após o sexto mês.

Para os recém-nascidos, bastam alguns minutos diários de frente e de costas, e apenas até as 9 horas da manhã. Isso é importante, pois vivemos num país tropical.

Refluxo, o que fazer?

Logo depois de mamar, o bebê parece incomodado, chora e dá aquela golfada enorme. Em geral, isso é refluxo, algo bastante comum entre crianças de até 6 meses de idade. O pediatra geralmente recomenda um medicamento para alívio dos pequenos, mas você, babá, pode ajudar e muito!

A primeira coisa a fazer é manter o bebê de pé no colo por 20 minutos depois de mamar. Passado esse tempo, ele pode ser colocado no berço deitado sobre o lado direito. Depois de 1 hora, ele já pode ser colocado de barriga para cima. Para segurança e conforto do bebê, o berço deve ser equipado com colchão antirrefluxo ou inclinado a 30°. O perigo do refluxo é o bebê aspirar leite e se asfixiar.

OUVINDO O PEDIATRA

Em geral, temos muito a aprender com os mais velhos. No que diz respeito ao cuidado com as crianças, então, ouvir suas experiências pode ser valioso. Por outro lado, o tempo passa, a ciência evolui e alguns conhecimentos precisam ser revistos. Portanto, para você, babá, aqui vai uma dica de ouro: entre o que disse a vovó e a recomendação do pediatra, aja sempre de acordo com o pediatra. Se a situação for muito complicada, consulte a mãe da criança. Mas, se a decisão tiver de ser sua, fique com o conhecimento médico. Algumas vovós, por exemplo, adoram dar chá e água ao bebê entre as mamadas. Os pediatras, no entanto, garantem que os bebês não devem receber qualquer tipo de complemento alimentar (como água ou chá) se são amamentados exclusivamente no peito. Feche com eles!

Bebê de 1 a 6 meses

Ele está crescendo e tem pela frente um mundo de descobertas. Assim como os pais, a babá se torna parte do universo do bebê e pode ajudar bastante em seu desenvolvimento. Então, prepare-se, porque de 1 a 6 meses você vai presenciar muitas novidades! Terá um par de olhos a lhe acompanhar por toda parte, verá como o pescoço do bebê ganha firmeza, como os sorrisos recompensam qualquer cansaço e como há trabalho pela frente.

Caras e caretas

Nesta fase em que o bebê passa boa parte do tempo deitado, ele parece observar bastante o espaço ao redor, mas sua atenção maior se volta para os rostos. Repare como, vez ou outra, ele imita a sua mímica facial. Essas caras e caretas são engraçadas e muito importantes para o desenvolvimento da criança. Conversar com o bebê, mantendo um contato olho no olho, é um estímulo simples e valioso que você, babá, pode oferecer a ele.

Ai, que dor!

Nem tudo é assim tão divertido. De 1 a 3 meses de idade, os bebês costumam sentir muita cólica. A dor é consequência do amadurecimento do trato digestivo, e infelizmente pouca coisa pode ser feita para aliviar o bebê. Alguns pediatras recomendam colocar uma bolsa de água morna enrolada em uma fralda de pano sobre a barriga. Mas, atenção, babá! Verifique antes se a temperatura da bolsa está suportável, para não queimar o bebê.

Foi apenas um susto

Com qualquer ruído inesperado ou som mais alto, os bebês de 1 a 6 meses estremecem ou até mesmo choram de susto. A fim de evitar que passem por esses sobressaltos, a babá deve cuidar para que o ambiente onde eles estejam seja o mais tranquilo possível. Mas, se algum imprevisto barulhento acontecer, colo e palavras carinhosas em tom calmo farão tudo voltar ao normal depressa.

Cores são bem-vindas

O desenvolvimento do nosso cérebro depende dos estímulos recebidos do mundo externo. Neste momento inicial da vida de uma criança, quanto mais ela puder ver, mais ágil, em termos de conexões cerebrais, ela será. Uma boa babá precisa saber disso e fazer o melhor pelo bebê que está sob seus cuidados. Esta é a idade, por exemplo, em que meninos e meninas balançam braços e pernas para os objetos coloridos. Então, brinque com o bebê de mostrar brinquedos com muitas cores a uma distância de 50 centímetros, mais ou menos. Depois, aproxime o objeto de suas mãos para que ele sinta a textura também.

Bebê-tartaruga

A partir do segundo mês, a babá pode oferecer um novo estímulo ao bebê. Coloque-o de bruços e chame seu nome para que ele levante a cabeça. Esse movimento fortalece a musculatura do pescoço e do ombro. No começo, ele se mostrará mole e desengonçado, mas, com o passar dos dias, vai ganhando firmeza e parecerá uma tartaruguinha, movimentando a cabeça para acompanhar os seus movimentos.

Pega-pega

Entre 2 e 4 meses, eles estão atentos a tudo e se viram de um lado para o outro, acompanhando aquilo que lhes interessa. Agora, eles também já são capazes de segurar objetos. Então, aqueles brinquedos que você apenas mostrava e aproximava podem ser colocados em suas mãos para que eles peguem e segurem sozinhos.

Língua de bebês

Esta também é a fase em que os bebês começam a emitir sons. Balbuciam "aaa...", "rrr..." e improvisam outros ruídos difíceis de imitar. A babá atenta percebe logo esses barulhinhos e conversa com a criança nessa língua. Esse bate-papo que pode parecer sem pé nem cabeça estreita os laços entre os dois e contribui bastante para o desenvolvimento da fala do bebê em um futuro próximo.

Quando o peito sai de cena

Você sabe que os bebês devem se alimentar exclusivamente do leite materno até os 6 meses de idade. Mas, por razões diversas, isso nem sempre é possível. Nesses casos especiais, o pediatra dará todas as recomendações alimentares que devem ser seguidas à risca pela babá. Mamadeiras, papas de fruta ou sopas, nunca force o bebê a comer. Ele está experimentando novos sabores, e sua alimentação deve ser cercada de carinho e muita paciência.

Cardápio equilibrado

Estando ou não mamando no peito, o bebê começará uma dieta de transição a partir do sexto mês. Iniciam-se as frutas em forma de sucos e de papinhas, e, depois, entra a papinha salgada – tudo de acordo com a orientação do pediatra.

Em função da alimentação introduzida, o ritmo intestinal do bebê pode se modificar. Dietas ricas em fibras – como folhas, legumes crus, além de laranja, mamão e ameixa – soltam o intestino. Já as dietas ricas em carboidratos – como batata e cenoura cozidas, maçã, banana e farináceos em geral – costumam provocar prisão de ventre. Para evitar os dois problemas, alterne a oferta de fibras e carboidratos ao bebê, de acordo com a recomendação médica. Lembre-se também de oferecer água à criança várias vezes ao dia para ajudar na digestão.

Sentar e rolar no chão

Conforme o bebê cresce, ele precisa de mais e mais espaço. A partir dos 5 ou 6 meses, a babá pode começar a colocá-lo sentado com apoio. O ideal é forrar o chão com um acolchoado e ficar ao lado do bebê todo o tempo. Quando o bebê cansar e quiser se deitar, coloque um brinquedo a certa distância para que ele rasteje e role para alcançá-lo. Enquanto estiverem se divertindo juntos, cante e converse com ele.

OUVINDO O PEDIATRA

As cólicas costumam ser o maior motivo de ligações para o pediatra quando o bebê tem de 1 a 3 meses. Como você já sabe, pouco se pode fazer. Sem a recomendação do pediatra e a autorização da mãe, não dê chás ou qualquer remédio. Até mesmo produtos naturais podem ser prejudiciais à saúde da criança. Os bebês nascem ainda em processo de amadurecimento de seus órgãos. As cólicas são naturais e refletem a imaturidade do sistema digestório. O choro nem sempre é de desconforto, pode ser apenas a forma de chamar a atenção da mamãe. Nesses momentos, colo e paciência são fundamentais.

LIMPEZA 100%

Casa com criança tem de ser limpa várias vezes ao dia. Quando há bebê, então, o cuidado deve ser redobrado. Na fase em que a criança passar a brincar no chão, limpe o espaço com pano úmido ou esfregão. Evite varrer para não levantar poeira e não aplique produtos com cheiro forte, para não desencadear processos alérgicos.

É importante que o ambiente ocupado pela criança seja claro e arejado, para que haja renovação do ar.

Criança de 6 a 12 meses

Mais uma fase de grandes acontecimentos à vista! Lá vêm os dentes, as comidas preferidas, o reconhecimento das pessoas próximas, o engatinhar e, quem sabe até, os primeiros passos. A criança, neste período, deixa claro que a mãe é o centro de suas atenções, o "Sol" da sua vida. Mas, para a babá, também há um lugar especial. Dedique-se e você verá que o seu trabalho pode ser um grande prazer.

Minha babá querida

Dos 6 aos 12 meses, o desenvolvimento da criança é muito rápido. Se antes ela apenas chorava ao estranhar alguém, agora se joga e se esquiva para ir ou não com quem escolhe. É difícil competir com a mãe, mas a babá é eleita como alguém muito querida também. Em retribuição à confiança que tem em você, por estar cuidando dela em todos os momentos do dia, a criança vai pedir o seu colo, chorar quando você for embora e engatinhar apressadamente na sua direção quando você chegar.

Os pais, com toda a certeza, observam isso e respiram aliviados por ter alguém competente na construção de uma relação afetiva com seu filho ou sua filha.

Ir e vir

Para a mãe que trabalha fora, esta é uma fase difícil, porque ela tem de voltar ao emprego e deixar a criança em casa. Em geral, o momento é de insegurança, e a babá precisa dar provas de que toda a rotina está sob controle, a fim de que a transição seja tranquila tanto para a mãe quanto para a criança. Uma maneira de promover um distanciamento menos impactante é combinar com a mãe que, alguns dias antes de voltar ao trabalho, ela saia de casa por determinadas horas, para que a criança tenha a certeza de que ela vai, mas volta.

Brincar é tudo

Nesta fase, você, babá, já consegue ter uma rotina bem definida de cuidados com a criança. A hora do sol, da fruta, do banho, do almoço, da soneca... Tudo está bem ajustado com os ponteiros do relógio, o que é fundamental para a organização do ritmo biológico desse pequeno ser sob seus cuidados. Repare, no entanto, que para a criança o melhor do dia é brincar. De agora em diante, você deve valorizar ainda mais os momentos de brincadeira para estimulá-la e verificar se o seu desenvolvimento condiz com a idade.

Dê a ela, por exemplo, brinquedos fáceis de segurar para exercitar sua habilidade de passá-los de uma mão a outra. Por medida de segurança, de forma alguma deixe em suas mãos brinquedos pequenos ou que se desmontem.

Vá aumentando a distância em que coloca seus brinquedos favoritos, para que ela encontre um jeito de alcançá-los. Você verá que ela começará a buscá-los rastejando e sentará sozinha para descansar enquanto ainda não chegou lá. Depois de algum tempo, a criança passa a sustentar o peso do corpo nos braços e começa a engatinhar.

Chão e mais chão

Os avanços na locomoção acontecem mais depressa para as crianças acostumadas a brincar no chão. Portanto, evite dar colo o tempo todo. Acostume a criança a explorar o ambiente à sua volta. A confiança e a autonomia serão fundamentais para que, por volta dos 12 meses, ela dê os primeiros passos.

Curiosidade sem limites

Quando a criança tem a possibilidade de explorar o ambiente ao redor, mil elementos atraem a sua curiosidade. Tudo ela quer pegar, amassar, puxar e colocar na boca, como se colocasse à prova todos os seus sentidos – visão, audição, olfato, tato e paladar. A babá precisa ter olhos atentos e pernas ligeiras para impedir acidentes de qualquer natureza. Quer um exemplo do que os pequenos adoram? Tomadas! Quando engatinham, costumam correr como podem para colocar os dedos ou a língua na tomada. O perigo de tomarem um choque é enorme. Portanto, não pisque!

Cair e levantar

A falta de equilíbrio para sentar, engatinhar e, mais adiante, para ficar de pé acaba resultando em quedas. Espera-se que a babá seja extremamente ágil para evitar que a criança se machuque. Mas é fato que alguns tombos de leve acabam acontecendo. Certifique-se de que não foi nada demais e estimule-a a levantar e continuar se exercitando. Por vezes, o excesso de valorização das quedas faz com que a criança se retraia.

Dentes à vista

Raras são as crianças que não sofrem com o nascimento dos dentes. A maioria fica muito incomodada e algumas chegam a ter febre. Assim como nas crises de cólica, pouca coisa pode ser feita para aliviá-la. Se a agonia parecer muito grande, o pediatra deve ser informado. Ele, com certeza, dará uma solução para o desconforto do bebê. No mais, você, babá, pode dar carinho e aconchego.

MEDIÇÃO DE TEMPERATURA

Se suspeitar que a criança está com febre, use o termômetro. O mais comum é o axilar, mas existem no mercado modelos diferentes, que fazem a medição pelo ouvido e até pela testa. A Agência Nacional de Vigilância Sanitária (Anvisa) não recomenda os termômetros de mercúrio, porque quebram com facilidade e o mercúrio é um metal perigoso para a saúde. Além disso, agridem o meio ambiente. O mais recomendado é o termômetro digital. Para medir a temperatura pelo termômetro axilar, o mais comum, siga estes passos:

- *Veja se a axila está seca. Ela não pode estar molhada.*
- *Se o termômetro for de mercúrio, segure-o do lado oposto à ponta prateada, chamada de "bulbo". Verifique se a marcação está abaixo de 35 °C. Se não estiver, balance até que a marcação atinja o número 35. Se for termômetro digital, basta ligá-lo.*
- *Coloque o termômetro, pelo bulbo, na axila. Se for o de mercúrio, segure o braço por 3 minutos. Se for o digital, espere o sinal sonoro do aparelho.*
- *Retire o termômetro, sem segurar no bulbo, e observe a temperatura indicada.*
- *Antes de guardar o aparelho, limpe-o. Pode ser com água e sabão ou álcool 70%. Guarde-o em um local seguro.*
- *Se a indicação for abaixo de 37 °C, não se preocupe. Se ficar entre 37 °C e 37,5 °C, verifique se a criança não está com excesso de roupa (meias, por exemplo), se o ambiente não está arejado o suficiente. Ofereça líquido (água, suco) para evitar desidratação. Realize nova verificação a cada 30 minutos, anotando o horário e a temperatura indicada. Se for superior a 37,5 °C, informe à família.*
- *Se a temperatura estiver acima de 38 °C, além de avisar a família, faça compressas frias na região das têmporas (as regiões laterais da cabeça) e nas axilas. Esse procedimento ajuda a baixar a febre.*

UM MODELO DE CARDÁPIO

O pediatra é o responsável pela orientação alimentar da criança. Vamos apresentar aqui um modelo de cardápio, mas saiba que ele deve receber o aval do médico. Esse modelo é direcionado a crianças a partir dos 7 meses, quando provavelmente estará realizando seis refeições plenas.

DESJEJUM – *Leite materno ou fórmula láctea. Atenção: o leite integral que os adultos tomam é contraindicado para crianças menores de 12 meses.*

LANCHE DA MANHÃ – *Suco ou papinha de frutas.*

ALMOÇO – *Carne (bovina, frango e peixe, a partir de 9 meses, sendo que duas vezes por semana a carne deve ser substituída por uma gema de ovo cozida) + arroz ou macarrão + legumes (dois a três, de cores diferentes) + uma verdura (espinafre, couve, bertalha, acelga, agrião, etc.) + uma leguminosa (feijão, lentilha ou grão-de-bico).*

Nesta fase, a comida é passada na peneira, mas deve ser bem pastosa, para estimular a mastigação. Ofereça água ao final e, por volta de 12 meses, inicie a oferta de fruta como sobremesa.

LANCHE DA TARDE – *Papinha de frutas pura ou acrescida de uma colher de chá de geleia de mocotó, farinhas específicas para a idade, iogurte natural ou queijo cottage. Esse acréscimo tem o objetivo de aumentar a taxa calórica, garantindo saciedade e peso adequado para a idade. (Atenção: o mel é contraindicado antes de dois anos de idade).*

JANTAR – *O mesmo do almoço, mas sem leguminosas.*

CEIA – *O mesmo do desjejum.*

Lembre-se: se a criança come bem e cumpre suas necessidades calóricas diárias, normalmente não acorda para mamar na madrugada.

Comidinhas

Neste período que vai dos 6 aos 12 meses, a alimentação da criança recebe novos itens a cada semana, tornando-se bastante rica e diversificada. O pediatra dará todas as orientações do que deve ser introduzido a cada etapa, destacando que o prato precisa ser apresentado bastante colorido – ou seja, os alimentos devem ser amassados e colocados um ao lado do outro.

Pode acontecer de a criança torcer o nariz e virar o rosto para um ou outro legume, por exemplo, já demonstrando suas preferências. A babá deve estar atenta para não excluir da dieta da criança o alimento rejeitado. Ofereça-o em menor quantidade da próxima vez que montar o prato, para que ela se acostume à diversidade de sabores.

ASSOPRAR COMIDA? NUNCA

É um hábito comum entre os adultos assoprar a comida da criança para que os alimentos esfriem mais depressa. Pois tome nota: isso é proibido! A nossa boca é cheia de micróbios. Eles podem contaminar a comida da criança, fazendo com que ela adoeça ou tenha cáries.

Boca limpa

A partir dos 6 meses, a babá pode fazer a higiene oral da criança após o almoço e o jantar. Utilize uma gaze embebida em água filtrada enrolada no dedo e passe-a delicadamente pela gengiva, pelos dentes e pela língua da criança. Pronto, não é preciso mais do que isso para que a boca esteja limpa.

Unhas em dia

De agora em diante, as unhas da criança podem ser cortadas semanalmente. Como meninos e meninas não costumam parar quietos nesta hora, uma boa estratégia pode ser cortá-las enquanto dormem.

Auau, miau e afins

Cada criança tem seu tempo para falar, mas, nesta fase, todas emitem muitos sons e gostam de conversar na sua própria língua. A babá pode contribuir muito para a comunicação da criança, conversando com ela e folheando livros que tragam, por exemplo, figuras de animais ou personagens que façam parte do seu cotidiano. Mostre as imagens e use palavras curtas para se referir a elas, como "auau", "miau", "mamãe", "papai", "vovô", "vovó". Em breve, ela estará tentando repetir e vibrando com os elogios que receber. Palmas, por exemplo, são muito bem-vindas e imitadas!

Soneca restauradora

A criança, nesta fase, costuma tirar uma soneca depois do almoço. Essa pausa no período da tarde é bastante saudável e restauradora das suas energias. Tome cuidado apenas para que esse descanso não seja muito prolongado a ponto de atrapalhar o sono da noite. O ideal é que a soneca dure de uma a duas horas.

Enquanto a criança repousa, aproveite para organizar roupas, armários, brinquedos e suas próximas refeições, fazendo a rotina fluir de maneira harmoniosa.

Começando a sonhar...

A partir do sexto mês, a criança passa a sonhar com atividades ocorridas durante o dia. Com isso, seu sono parece se tornar mais agitado, pois ela se mexe bastante e balbucia. Vez ou outra pode acontecer de ela acordar durante a noite. Neste caso, mantenha o ambiente tranquilo e cantarole para que ela torne a pegar no sono. Não converse nem tire a criança do berço, para evitar despertá-la.

OUVINDO O PEDIATRA

Depois dos 6 meses de idade, é importante estabelecer uma rotina que contribua para a autonomia motora da criança. Brincar no chão, por exemplo, é um estímulo para que ela rasteje e comece a se sentar. Oferecer água e suco no copo também estimula a criança a deixar a mamadeira para trás.
Esta também é a hora de começar a retirar a mamadeira da madrugada, incentivando a boa alimentação durante o dia.
Importante! Neste período, meninos e meninas começam a se socializar. O contato com maior número de pessoas, incluindo outras crianças, pode favorecer o aparecimento das primeiras viroses. Portanto: atenção total ao calendário de vacinas.

Criança de 12 a 18 meses

No primeiro ano de vida, o desenvolvimento da criança é muito rápido e requer cuidados de toda ordem. À medida que meninos e meninas vão crescendo, isso se simplifica: algumas rotinas se repetem e muitas são deixadas para trás, como veremos a partir desta fase.

Dos 12 aos 18 meses a criança acha que pode tudo, quer experimentar o tempo todo e, claro, não sabe que existem consequências. A babá, praticamente, não senta, correndo atrás desses pequenos exploradores, que já sabem quem são e até o que querem, demonstrando domínio da arte da má-criação ao serem contrariados. E aí, está pronta para o que vem pela frente?

Atirados

Da noite para o dia, aquele ser minúsculo totalmente dependente dos pais e da sua babá descobre que é capaz de andar sem dar as mãos e decide até sair correndo, sem mais nem por que, apenas para provocar. A babá não pode descuidar um minuto sequer, pois as experimentações e travessuras da criança podem ser arriscadas, e ela, obviamente, não tem noção de perigo.

Sapatinhos

Quando as crianças estão aprendendo a andar, é importante que sintam firmeza ao pisar. O ideal, portanto, é que estejam descalças ou com um tênis de solado emborrachado para evitar deslizes ou inclinações (o famoso pisar em falso).

Tagarelas

Parece que tudo aquilo que a criança ouviu de seus pais e da babá desde que saiu da barriga agora começa a fazer sentido. Esta é a fase em que ela repete muitas vezes as palavras que lhes são fáceis. A babá deve mostrar que entende o que a criança quer dizer, repetindo a palavra em questão corretamente para que ela, em breve, seja compreendida por qualquer pessoa.

É comigo?

Pode chamar, porque agora a criança já atende pelo nome. Ela talvez consiga se dar conta da entonação do chamado, percebendo, por exemplo, se está sendo apenas solicitada ou tendo o comportamento censurado.

Limites

Neste período, os pais e a babá precisam estar bem afinados sobre o que a criança pode e não pode fazer, para que ela compreenda as regras da casa. Brincar com o controle remoto da TV, por exemplo, é permitido ou não? As pessoas envolvidas no cuidado da criança não devem dar ordens contraditórias. Ela não pode ter dúvidas sobre o que está ou não autorizada a fazer. O "pode não pode" se chama limite, algo que deve ser indicado com firmeza, mas também com carinho.

Birras

É também nesta fase que a criança começa a manifestar a sua contrariedade ao que não lhe é permitido. Em outras palavras, ao ouvir "não", ela pode reagir com birra. A receita para lidar com tais más-criações é uma só: manter-se firme ao que, de fato, ela não pode fazer e tentar distrair sua atenção para outras atividades e objetos.

Repetecos

Embora comece a se revelar birrenta, a criança de 12 a 18 meses é também muito engraçadinha. A forma como mostra gostar de uma brincadeira é cativante. Assim como repete as palavras que mais fazem sentido dentro da sua rotina, ela também gosta de reproduzir determinada ação muitas vezes. Experimente se esconder atrás de algo e chamá-la: ela virá correndo encontrar a sua babá e vai pedir que esse "escondeu-achou" se repita várias vezes em sequência.

Lavar as mãos

Como a criança, literalmente, mexe em tudo, o cuidado com a higiene de suas mãos deve ser redobrado. Crie o hábito de lavá-las sempre antes de todas as refeições. Além de um gesto saudável, isso permite que a criança tenha liberdade de pegar com a mão um alimento que lhe atraia mais no prato.

Dentes sadios

Nesta idade, a criança costuma ter de quatro a dez dentes, que já podem ser escovados com escova própria para a faixa etária. O pediatra deve indicar se a escovação deve ser feita apenas com água ou com creme dental sem flúor.

Mastigar é preciso

Não há mais necessidade de triturar ou passar na peneira os alimentos – é hora de estimular a mastigação! Arroz com feijão bem amassadinho acompanhado de dois legumes (cada um de uma cor) e uma carne ou ovo é bom à beça. De sobremesa, ofereça uma fruta e, ao final, água para ajudar na digestão.

Se a criança conseguir manter o hábito de seis refeições diárias (café da manhã, lanche da manhã, almoço, lanche da tarde, jantar e ceia) não haverá mais necessidade da mamadeira da madrugada.

Agito noturno

Como os dias passaram a ser cheios de atividades e novidades, a criança tende a sonhar mais. É comum que ela fale, chore e se movimente rapidamente e até se sente na cama dormindo. A babá deve ficar atenta para fazê-la dormir novamente, caso desperte.

Brincadeiras em evolução

Meninos e meninas nesta fase gostam de brinquedos que se encaixam uns dentro dos outros. Instrumentos musicais infantis também costumam fazer sucesso. E, claro, tenha sempre livros por perto para contar pequenas histórias e apontar as figuras, mas lembrando que já é hora de dizer os nomes corretos das figuras. "Auau", "miau", etc. já são coisas do passado!

OUVINDO O PEDIATRA

Nesta fase, que é muito rica, as crianças se mostram cada vez mais autônomas e já se deslocam sozinhas pela casa. Muita atenção, porque tudo é novidade e elas não têm noção de riscos e perigos.

Criança de 1 ano e meio a 2 anos e meio

Parece que as novidades não acabam nunca! As fraldas vão ficar para trás e a criança vai avançar sob muitos outros aspectos. Começa a gostar de brincadeiras com outras crianças, pode se divertir com atividades físicas e, talvez, chegue a hora de frequentar a escola. Com os dias mais cheios, a babá precisa ter pique para dar conta da rotina dentro e fora de casa.

Água, areia e terra

Algumas babás evitam que a criança tenha contato com água, areia e terra para que não se suje e não corra o risco de contrair doenças. Sem dúvida, os locais que a criança frequenta devem ser escolhidos a dedo, mas é importantíssimo que ela possa brincar com água, areia e terra nesta fase de desenvolvimento. Esses elementos tendem a satisfazer, simbolicamente, o desejo de eliminar os conteúdos de seu corpo, isto é, a urina e as fezes.

Adeus às fraldas

Embora algumas crianças aprendam cedo a avisar a babá que querem fazer xixi ou cocô, recomenda-se que o desfralde diurno seja feito apenas a partir dos 2 anos, quando meninos e meninas já têm maior percepção das suas necessidades fisiológicas e se expressam melhor.

Eu me viro sozinha!

Chegou o momento em que a criança quer mostrar que pode se virar sozinha. Às vezes, ela passa um tempo enorme tentando calçar os sapatos (que quase sempre terminam trocados) ou se enrolando com uma peça de roupa. A babá deve observar e oferecer ajuda para que a criança, aos poucos, consiga realmente se vestir sozinha. A cada tentativa, elogie – isso é bom para que ela queira avançar mais e mais na conquista da sua autonomia.

Outra estratégia que funciona no estímulo à autonomia é trocar o banho de banheira pelo de chuveiro, permitindo que a criança inicie o contato com a própria higiene pessoal. Evidentemente, ela vai brincar mais do que se lavar e caberá à babá conduzir o banho como se fosse uma brincadeira, solicitando sempre o menino ou a menina a "ajudá-la" a ensaboar o cabelo ou os pés, por exemplo.

Novas brincadeiras

A diversão também chega ao estágio de contribuir com a autonomia da criança, ou seja, com o desenvolvimento da sua capacidade de realizar atividades sozinhas. Brincar de comidinha, por exemplo, é uma experiência que irá favorecê-la a comer sem ajuda.

Outras atividades, como brincar de chute a gol, pular nos dois pés e empilhar blocos contribuem para o equilíbrio e a coordenação motora.

Pequeno esportista

Alguns pais matriculam seus filhos em atividades esportivas desde cedo não apenas para desenvolver um hábito saudável, mas também para que a criança tenha a possibilidade de interagir com outras da mesma idade. Essa socialização é valiosa para a criança desenvolver o sentimento de amizade. A babá deve ajudá-la a decorar os nomes dos amigos e a incentivar o compartilhamento de algum brinquedo ou lanche.

Não quero mais

Nesta fase é comum que o apetite da criança comece a diminuir. Isso é absolutamente normal, uma vez que a velocidade de crescimento é menor e a necessidade calórica diminui. Mesmo que já espere um “não quero mais”, o papel da babá é continuar apresentando os pratos coloridos de sempre, e agora os alimentos podem ser apenas cortados. No lanche, mantenha o hábito das frutas, mas alterne-as com sanduíches e biscoitos sem recheio. Ofereça tudo em pequenas porções para não atrapalhar as refeições principais: almoço e jantar.

Nada de flúor

O pediatra deve ter deixado claro, mas não custa repetir: crianças até os 4 anos de idade devem usar apenas creme dental sem flúor!

Dormir menos

Agora a babá deve cuidar para que a soneca da criança após o almoço não ultrapasse o período de uma hora. Este tempo é suficiente para restaurar suas energias sem atrapalhar o sono da noite.

OUVINDO O PEDIATRA

Entre 1 ano e meio e 2 anos, deve-se, aos poucos, aumentar a consistência dos alimentos e tornar o cardápio mais próximo ao da família. O ideal é que a carne passe a ser oferecida em pequenos pedaços, e os alimentos sejam apresentados de forma individualizada, não mais na forma de papinha. Assim, a criança aprende a associar aroma, visual e paladar ao prazer da alimentação.

Rumo à escola

A decisão é de cada família, mas mesmo as crianças que têm babás começam a frequentar a escola cada vez mais cedo. Os pais costumam matriculá-las por volta de 2 ou 3 anos de idade pela mesma razão que os fazem inscrever os filhos em atividades esportivas: socialização. Nesta etapa, muitas vezes os pais depositam grande confiança na babá, que deverá acompanhar a criança na fase de adaptação ou acolhimento, como algumas escolas preferem chamar.

Criança de 2 anos e meio a 3 anos

As crianças continuam querendo mostrar o que são capazes de fazer sozinhas. O penico tem a importância de um troféu, enquanto as brincadeiras favorecem a construção das relações familiares e o entrosamento verdadeiro com os amigos. A babá, a essa altura, é mais do que alguém que os auxilia com as tarefas: é uma incentivadora em todos os momentos do dia.

Não preciso de ajuda

Elas adoram dizer essa frase, e quem somos nós para contrariá-las? A criança de 2 anos e meio a 3 anos quer marcar seu território e mostrar que pode fazer muita coisa sozinha. Cabe à babá supervisionar as atividades e fazer de conta que o menino ou a menina realmente consegue tomar banho ou se vestir sem ajuda.

Por mais que você esteja cuidando dos detalhes, diga quanto ele ou ela está ficando craque em se virar. Frases simples, que colocam a criança para cima, são um banho de autoconfiança.

Ainda com fraldas?

Provavelmente, a criança não usa mais fraldas durante o dia, mas talvez ainda não se sinta 100% segura quanto ao momento de usar o vaso sanitário ou o peniquinho. Para fortalecer a condição de que ela é, sim, capaz de perceber a hora do xixi e do cocô, você, babá, deve estar atenta aos sinais que ela dá quando a vontade se aproxima. Nessa hora, seja rápida: leve-a ao penico (ou ao vaso) e comemore com ela a conquista. Quando as falhas acontecerem, não repreenda, diga de forma animada que, da próxima vez, vai dar certo.

E a fralda da noite?

A fralda da noite só deve ser retirada depois que o domínio das funções fisiológicas estiver sob total controle durante o dia, o que deve ocorrer apenas depois dos 3 anos de idade. Nesse processo, a receita é igual: palmas pela manhã para o xixi que ficou guardado e, no caso de vazamento, palavras afirmativas para incentivar que tudo vai dar certo em pouco tempo.

Amigos mais ou menos

Embora seja importante estimular que as crianças brinquem entre si desde cedo, elas não se relacionam verdadeiramente. É que até os 3 anos de idade, em geral, as crianças têm elas próprias (e a família) como centro de suas atenções. Cabe aos adultos, no entanto, mostrar que o mundo é maior, que existem outras pessoas com as quais estabelecemos laços fora do seio familiar. É por isso que você, babá, deve sempre motivar a criança a brincar com outras. Incentive-a, por exemplo, a jogar a bola para um amigo que deve jogar a bola de volta para ela. Assim eles começarão a se envolver para valer!

Eu sou...

Falando em brincadeiras, é por meio delas que a criança consolida suas relações familiares. Assumindo o papel de pai, mãe ou filho(a) nas brincadeiras, ela compreende as relações de cuidados entre os integrantes da família. É por isso que tanto meninos quanto meninas gostam de brincar de casinha e boneca.

Mais estímulo

Banho, alimentação, roupas, está tudo em ordem? Pois, então, deite-se com a criança no chão para desenhar. Nessa fase, é muito importante que aprendam a pegar no lápis e treinem mais o domínio da coordenação motora. Jogos de encaixar e dominó com figuras também são brincadeiras valiosas. Lembre-se, babá: converse com a criança durante todo o tempo em que estiverem juntas, estimulando sua linguagem e seu raciocínio.

Criança de 4 anos

Nesta fase, o domínio da fala é evidente e o vocabulário, muito rico. A imaginação voa longe e agora os amigos são de verdade. A criança já demonstra um grau de independência bastante alto, e a querida babá está por perto para organizar o dia, dizer palavras de incentivo e, claro, manter a ordem!

Expressão em alta

De agora em diante, nada mais será dito em meias palavras. Aos 4 anos, a criança sabe se explicar muito bem, sem deixar dúvidas sobre o que quer. O diálogo entre todos da casa flui mais fácil e você, babá, pode se orgulhar de ter uma boa participação na forma como esta criança se comunica. Afinal de contas, até aqui, vocês conversaram e muito!

Orgulhosamente independente

Sim, ela agora se veste sozinha de verdade e também toma banho precisando de auxílio raramente. Como babá, você precisa estar por perto – menos como auxiliar e mais como companhia. Supervisione e oriente para a higiene correta das orelhas, dos pés e dos órgãos genitais, especialmente.

Comida igual

Por volta dos 4 anos, cozinhar para a criança é algo bem mais fácil, porque ela, praticamente, não requer nada em especial na sua alimentação – já compartilha o mesmo cardápio dos adultos da casa.

Se os estímulos à alimentação diversificada deram certo, ela agora come de tudo, embora tenha também suas preferências. É importante, porém, manter as seis refeições diárias, evitando a oferta de biscoitos e guloseimas entre as principais refeições. Deve-se tomar cuidado também para que a criança não selecione sempre os mesmos alimentos, é melhor negociar um prato bem colorido.

Amigos escolhidos

Se até o ano passado a relação com outras crianças precisava ser estimulada, agora a história é outra. O menino e a menina já têm os melhores amigos e gostam muito de recebê-los em casa, compartilhando seus brinquedos. A boa babá deve, então, supervisionar as brincadeiras e sugerir que todos conversem para solucionar juntos um possível conflito.

Imaginação à solta

Esta é uma idade rica em brincadeiras de faz de conta. A criança gosta de criar suas próprias histórias com personagens imaginários e isso revela sua boa saúde mental. Nesta fase, ela também adora brincar de médico, noivos, papai e mamãe, podendo solicitar a participação dos pais ou da babá em suas diversões. É bom que os adultos entendam quanto esses papéis representados satisfazem suas necessidades de tocar e ser tocado e de se exibir, sendo extremamente benéficos ao seu desenvolvimento.

Cola, papel, tesoura

Aos 4 anos, a criança também deve ser estimulada a desenhar, recortar e colar, dando mais vazão à sua imaginação e ao refinamento de sua coordenação motora. Portanto, babá, divirta-se com ela nesse exercício de artista plástico, mas sem se esquecer do cuidado com tesoura, cola e tintas plásticas. A tesoura deve ter pontas arredondadas.

Criança de 5 anos

Esses pequenos seres não dão mais tanto trabalho. Já deram provas da sua independência, mas esperam encontrar nos adultos que os rodeiam (e isso inclui a babá!) o estímulo de sempre. Os desafios são de outra ordem: eles querem ler e aprender coisas novas todos os dias. Renove suas energias para esta nova etapa!

Desafios didáticos

Por volta dos 5 anos, a criança é ávida por aprender a ler e a trabalhar com números. Algumas já reconhecem as letras e são capazes de escrever seus nomes ao mesmo tempo que sabem organizar quantidades. Você, babá, pode ter adoráveis momentos com esta criança propondo brincadeiras que testem sua noção de "o que vem antes e depois?", "qual a letra que está faltando?", "vamos falar palavras com a letra b?", etc.

Ouvindo histórias

Antes, você apenas contava histórias para ela, mas agora a criança sob seus cuidados já demonstra boa capacidade de concentração e é capaz de narrar os contos que mais gosta de ouvir. Essa troca de papéis entre vocês é valiosa para o desenvolvimento intelectual de meninos e meninas.

Meninos × meninas

Até outro dia, não fazia a menor diferença, mas de uma hora para outra parece que menina só gosta de brincar com menina e menino com menino. Isso é absolutamente normal nesta idade, mas cabe a você, babá, continuar estimulando as brincadeiras em grupo, incluindo os dois sexos. Afinal, conviver com as diferenças é muito saudável.

Liderança

É também por volta dos 5 anos de idade que algumas crianças demonstram um comportamento de liderança. Isso é positivo, pois a criança tem iniciativa e capacidade de organização. Por outro lado, pode ser um pouco perigoso, porque ela pode se revelar por demais autoritária. Esteja atenta às brincadeiras e, quando for conveniente, diga a ela que os líderes também devem levar em conta a opinião do grupo para não estragar a amizade.

Respeito é bom

É muito importante dar voz à criança, permitir que ela se expresse, se explique, se desculpe, se afirme. Deixar claro para a criança que o que ela fala e faz tem importância é respeitá-la. Quem tem isso na infância cresce respeitando os outros. Vale lembrar que o exemplo será sempre o melhor aprendizado.

Proteger a criança sempre

A boa babá deve estar atenta aos menores detalhes relativos à criança em todas as idades. Se souber, por exemplo, os períodos em que as vacinas devem ser tomadas e reforçadas, poderá ajudar os pais a proteger a criança de uma série de doenças.

Sabendo que prevenir é melhor do que remediar, a babá pode ainda evitar os acidentes domésticos tão comuns. A babá precisa se precaver dos perigos que rondam a casa e que possam atrair as crianças. Todo cuidado é pouco com elas. Num descuido, o pior pode acontecer. Mas basta ficar atenta! E mais: em caso de acidentes, é preciso agir com rapidez, proceder aos chamados "primeiros socorros".

É o que veremos agora. Tudo que você, babá, pode fazer para proteger a criança que está sob seus cuidados.

Espetadas do bem

Anote o calendário de vacinas básico e mantenha essas informações preciosas com você. Não se esqueça de avisar as datas de vacinação aos pais. E atenção: de acordo com as mudanças no perfil epidemiológico da população infantil, o Ministério da Saúde retira ou acrescenta novas vacinas ao calendário. Fique ligado nas notícias sobre vacinação que são sempre veiculadas nas rádios, nas redes de TV e nos jornais.

Calendário básico de vacinação da criança

Veja a seguir o calendário básico de vacinação do Programa Nacional de Imunização (PNI) do Ministério da Saúde.

Idade	Vacina	Dose	Doenças evitadas
Ao nascer	BCG-ID vacina BCG	Dose única	Formas graves da tuberculose (principalmente nas formas miliar meningea)
	Hepatite B vacina hepatite B (recombinante)	1ª dose	Hepatite B
1 mês	Hepatite B vacina hepatite B (recombinante)	2ª dose	Hepatite B
2 meses	Tetravalente (DTP + Hib) vacina adsorvida difteria, tétano, *pertussis* e *Haemophilus influenzae B* (conjugada)	1ª dose	Difteria, tétano, coqueluche, meningite e outras infecções por *Haemophilus influenzae* tipo B
	Vacina oral poliomielite (VOP) vacina poliomielite 1, 2 e 3 (atenuada)		Poliomielite ou paralisia infantil
	Vacina Oral de Rotavírus Humano (VORH) vacina rotavírus humano G1P1 [8] (atenuada)		Diarreia por rotavírus
	Vacina pneumocócica 10 (conjugada)		Pneumonia, otite, meningite e outras doenças causadas pelo *Pneumococo*
3 meses	Vacina Meningocócica C (conjugada) vacina meningocócica C (conjugada)	1ª dose	Doença invasiva causada por *Neisseria meningitidis* do sorogrupo C
4 meses	Tetravalente (DTP + Hib) vacina adsorvida difteria, tétano, pertussis e *Haemophilus influenzae B* (conjugada)	2ª dose	Difteria, tétano, coqueluche, meningite e outras infecções por *Haemophilus influenzae* tipo B
	Vacina oral poliomielite (VOP) vacina poliomielite 1, 2 e 3 (atenuada)		Poliomielite ou paralisia infantil
	Vacina Oral de Rotavírus Humano (VORH) vacina rotavírus humano G1P1 [8] (atenuada)		Diarreia por rotavírus
	Vacina pneumocócica 10 (conjugada) vacina pneumocócica 10- valente (conjugada)		Pneumonia, otite, meningite e outras doenças causadas pelo *Pneumococo*
5 meses	Vacina Meningocócica C (conjugada) vacina meningocócica C (conjugada)	2ª dose	Doença invasiva causada por *Neisseria meningitidis* do sorogrupo C
6 meses	Hepatite B vacina hepatite B (recombinante)	3ª dose	Hepatite B
	Vacina oral poliomielite (VOP) vacina poliomielite 1, 2 e 3 (atenuada)		Poliomielite ou paralisia infantil
	Tetravalente (DTP + Hib) vacina adsorvida difteria, tétano, *pertussis* e *Haemophilus influenzae B* (conjugada)		Difteria, tétano, coqueluche, meningite e outras infecções por *Haemophilus influenzae* tipo B
	Vacina pneumocócica 10 (conjugada) vacina pneumocócica 10- valente (conjugada)		Pneumonia, otite, meningite e outras doenças causadas pelo *Pneumococo*

Idade	Vacina	Dose	Doenças evitadas
9 meses	Febre amarela vacina febre amarela (atenuada)	Dose inicial	Febre amarela
12 meses	Tríplice viral (SCR) vacina sarampo, caxumba e rubéola (atenuada)	1ª dose	Sarampo, caxumba e rubéola
	Vacina pneumocócica 10 (conjugada) vacina pneumocócica 10- valente (conjugada)	Reforço	Pneumonia, otite, meningite e outras doenças causadas pelo *Pneumococo*
15 meses	Tríplice bacteriana (DTP) vacina adsorvida difteria, tétano e pertussis	1º reforço	Difteria, tétano, coqueluche
	Vacina oral poliomielite (VOP) vacina poliomielite 1, 2 e 3 (atenuada)	Reforço	Poliomielite ou paralisia infantil
	Meningocócica C (conjugada) vacina meningocócica C (conjugada)		Doença invasiva causada por *Neisseria meningitidis* do sorogrupo C
4 anos	Tríplice bacteriana (DTP) vacina adsorvida difteria, tétano e pertussis	2º reforço	Difteria, tétano, coqueluche
	Tríplice viral (SCR) vacina sarampo, caxumba e rubéola	2ª dose	Sarampo, caxumba e rubéola
10 anos	Febre amarela vacina febre amarela (atenuada)	Uma dose a cada dez anos	Febre amarela

Nota: O calendário da Sociedade Brasileira de Pediatria inclui mais quatro vacinas: Varicela, indicada em duas doses: 12 meses e 4 a 6 anos. Hepatite A, indicada em duas doses: 12 e 18 meses. Pneumococo conjugada, indicada em quatro doses: 2, 4, 6 e 12 meses. HPV, indicada em três doses a partir dos 9 anos de idade.

Prevenção de acidentes domésticos

É correndo, brincando e se divertindo que as crianças gastam energia. Mas, dentro de casa, alguns objetos e situações podem ser perigosos para esses pequenos exploradores.

Banheira, piscina ou praia – Nunca deixe a criança sozinha, mesmo que ela saiba nadar.

Cozinha, banheiro e área de serviço – São cômodos que oferecem muitos perigos à criança. Mantenha-a afastada desses locais.

Ferro de passar – Desligado é perigoso porque é pesado; ligado, pode provocar queimaduras graves. Nunca deixe o ferro no chão para esfriar.

Janelas e sacadas – Grades de ferro e redes de proteção são indispensáveis para quem tem criança pequena em casa. Caso não seja possível, evite sofás, cadeiras e outros móveis que ela possa empurrar até a janela.

Medicamentos – Jamais medique a criança sem a prévia autorização dos pais. Em caso de febre ou de qualquer desconforto, comunique-se com eles para pedir orientação.

Objetos cortantes e perfurantes – Facas, garfos, tesouras, chaves de fenda, canetas, cotonetes, entre outros objetos pontiagudos, não devem ser deixados perto ou nas mãos de crianças pequenas.

Olho vivo e pulso firme – Ao sair com a criança, segure-a sempre pela mão com firmeza. Ao soltá-la onde possa brincar, jamais a perca de vista.

Pequenos objetos – Mantenha longe das crianças moedas, clipes, tampinhas de garrafa e de canetas, botões e pequenas peças que se soltam com facilidade de brinquedos e que possam ser colocados no nariz, no ouvido e, principalmente, na boca. Se engolidos, podem causar engasgo e até morte.

Produtos de limpeza e remédios – Jamais os deixe ao alcance da criança. A ingestão pode levar à morte.

Sacos, cordões e fios – Nada disso deve ficar ao alcance da criança, para evitar que ela se sufoque ou sofra um enforcamento.

Tanque de lavar roupas – Em dias muito quentes, algumas famílias têm o hábito de dar banho nas crianças dentro do tanque. Se for o que acontece na casa em que você trabalha, certifique-se sempre de que ele está bem fixo, antes de colocar a criança.

Tomadas – São um perigo e, para evitar choques na criança, devem estar cobertas com placas específicas.

Primeiros socorros

Todo esforço deve ser feito para evitar acidentes, mas, se algo inesperado acontecer, a babá precisa saber como agir.

Primeiro, deve ter à mão telefones de emergência dos bombeiros, ambulâncias, pais e pediatra para situações mais graves. Além disso, precisa dominar algumas ações de primeiros socorros, como as descritas aqui.

Arranhões e feridas – Lave o ferimento com água e sabão. Se o sangramento continuar, pressione o local com uma gaze até estancar. Coloque um curativo do tipo *band-aid* ou uma gaze com esparadrapo para protegê-lo da poeira.

Convulsão – Algumas crianças convulsionam por diferentes razões, mas a febre alta pode disparar o processo. Se isso acontecer, deite a criança no chão (para eliminar o risco de queda), afaste qualquer objeto que possa machucá-la e retire qualquer peça de roupa apertada que ela esteja usando. Não interfira nos movimentos da criança e não introduza nada em sua boca. Se possível, marque o tempo da convulsão para contar aos pais e ao pediatra. Passados os espasmos, entre em contato com os pais imediatamente.

Engasgo – Este incidente acontece mais com os bebês. Aja depressa:

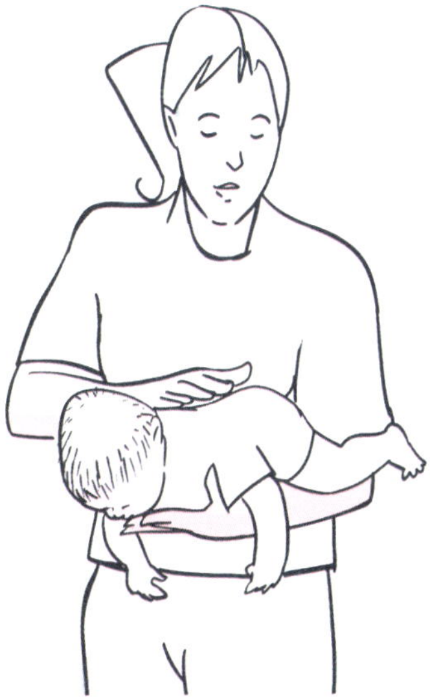

Deite a criança no seu antebraço, com a face voltada para a palma da sua mão. A sua mão deve sustentar a cabeça e o pescoço do bebê.

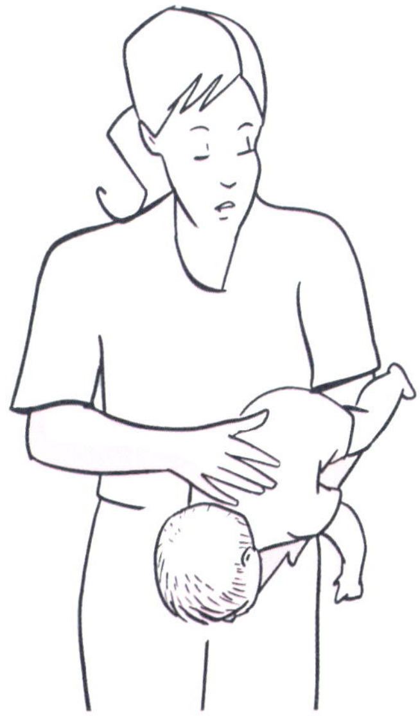

Incline um pouco o seu antebraço, de forma que a cabeça do bebê fique mais baixa do que o corpo.

Com a sua mão livre, dê cinco tapas firmes, mas sem força, nas costas do bebê, entre os ombros.

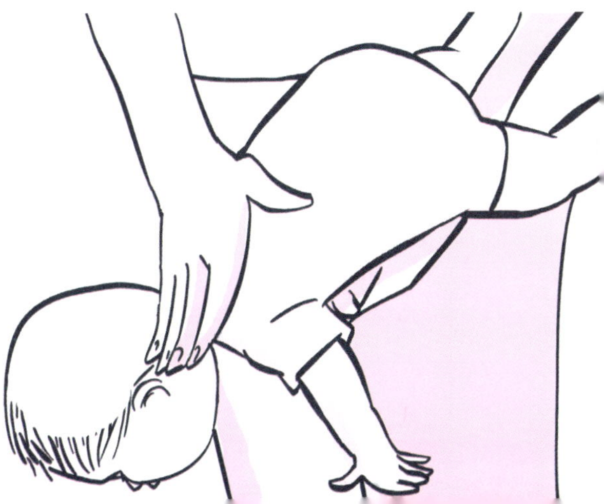

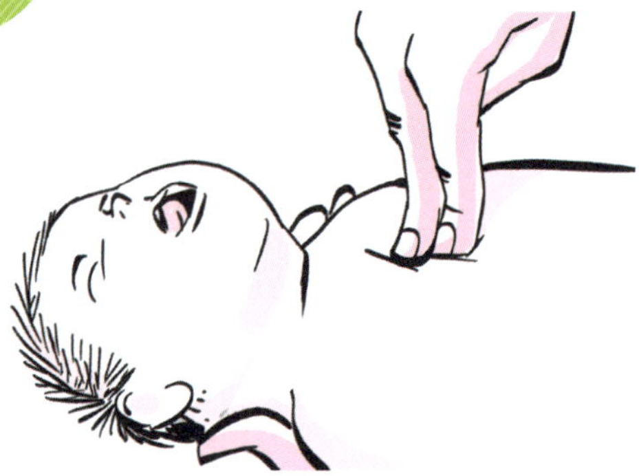

Se o objeto/alimento não for eliminado, vire o bebê cuidadosamente, sente-se e use suas coxas para apoiá-lo, porque será necessário fazer compressões no peito. Nessa situação, imagine uma linha unindo os dois mamilos do bebê, posicione dois ou três dedos juntos um pouco abaixo dessa linha – no centro do tórax – e faça uma pressão rápida, afundando o peito dele cerca de 2 centímetros.

Deixe que o peito retorne à posição normal e repita o movimento cinco vezes, sem movimentos muito bruscos. Alterne cinco tapas nas costas e cinco pressões no peito até que o bebê desengasgue.

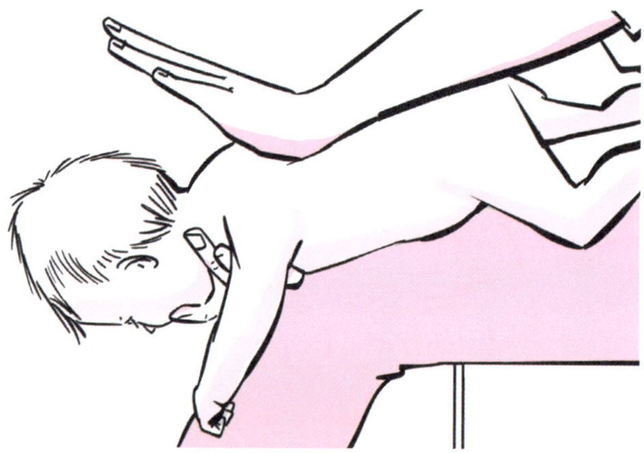

Se o engasgo não se resolver depressa, acione os pais e o atendimento de emergência (Samu 192 ou Corpo de Bombeiros 193).

Hemorragia – Alguns ferimentos são mais graves e podem resultar em hemorragia. Se for o caso, comprima o local com uma toalha limpa enquanto faz contato com os pais e com um atendimento de emergência.

Pancadas – Coloque gelo no local rapidamente até a dor melhorar. Se a criança desacordar ou se mostrar tonta, entre em contato com os pais na mesma hora.

Queimadura – Se por alguma razão a criança se queimar de forma superficial, ou seja, se a área atingida ficar avermelhada, dolorida e não houver formação de bolhas, deixe a água fria da torneira ou do chuveiro cair sobre o local até que haja um pouco de alívio e você possa falar com os pais ou com o pediatra. Não coloque gelo nem recorra a soluções caseiras como pasta de dente, clara de ovo, manteiga ou óleo de cozinha. Use apenas água fria! Caso a pele se solte ou surjam bolhas, continue mantendo a região resfriada com água fria, telefone para os pais e dirija-se ao atendimento de emergência.

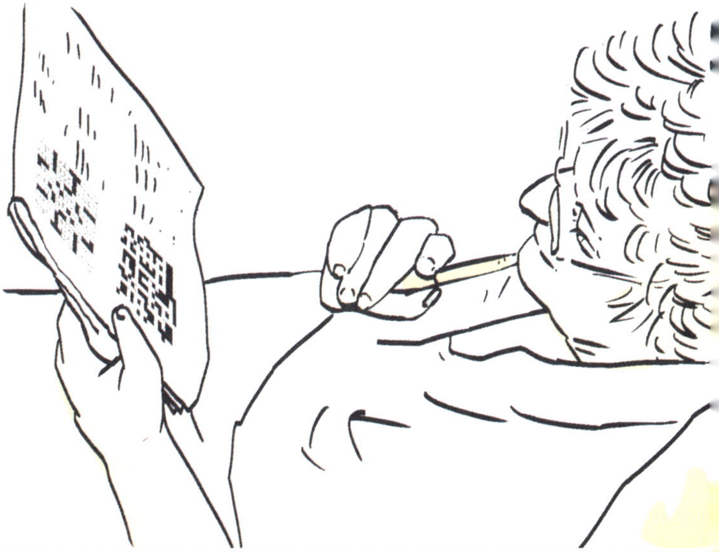

3

Cuidando de idosos

Alguém acaba de selecionar você para cuidar de uma pessoa muito querida que, a certa altura da vida, passou a precisar de ajuda ou, pelo menos, de companhia.

Essa pessoa espera poder confiar em você de olhos fechados, quer ser surpreendida pelo seu profissionalismo em qualquer situação, mas, sobretudo, ter encontrado um ser humano de qualidades especiais, que entenda o significado da palavra solidariedade.

Abrace esta oportunidade e mostre as suas técnicas no cuidado com o idoso, o domínio que você tem da rotina de trabalho e, acima de tudo, os sentimentos nobres que fizeram com que você escolhesse ser cuidador.

Boa sorte!

O primeiro contato com o idoso

Começar nem sempre é fácil. O primeiro dia em um emprego novo costuma nos deixar um tanto apreensivos e, até mesmo, desconfortáveis. O cuidador de idosos não foge à regra. Para você, que leva a sério a profissão, há uma situação particularmente difícil: como iniciar a relação com aquele senhor ou aquela senhora que necessita de seus cuidados?

O cuidador só é apresentado ao idoso quando a família decide e escolhe o melhor profissional para cuidar de seu ente querido. Como não é uma escolha pessoal do idoso, este pode questionar o que "esse estranho" está fazendo ali. Essa primeira reação do idoso é muito comum. Mas a família ou o responsável estará do seu lado.

Esse momento é um teste para as suas aptidões, cuidador! Você terá que dar a primeira amostra de que cuidar do idoso é mais do que zelar pelo seu corpo, sua aparência, sua nutrição. Logo de saída você deve se mostrar atento e deixar claro que percebe o idoso como alguém que tem uma história de vida a ser respeitada. Você deve se mostrar interessado por aquilo que o idoso tem a dizer e tentar extrair de suas palavras e de seus gestos informações que colaborem positivamente para a relação que está começando.

O primeiro contato deve se assemelhar, digamos, a um princípio de namoro. O cuidador pode começar se apresentando, perguntando o nome do idoso, puxar uma cadeira e iniciar um bate-papo informal. É conveniente, por exemplo, mostrar-se interessado em saber quantos filhos e netos há na família, se o idoso exercia alguma profissão, quais são suas atividades favoritas atualmente e por aí vai...

Se a conversa fluir bem, fale um pouco de si, de seus passatempos preferidos; deixe evidente o seu interesse em estar ali para colaborar com o que for preciso e trocar experiências.

O diálogo inicial é também muito propício para que você, cuidador, saiba se esse senhor ou senhora está mais para expansivo(a) ou tímido(a), se costuma ser mais ativo(a) ou recluso(a), se é mais autoritário(a) ou flexível ou mesmo se tem lapsos de memória. Enfim, é possível notar que o cuidador tem um lado psicólogo também, não é? Afinal de contas, ele precisa entender a fundo a pessoa que está sob seus cuidados para desenvolver a melhor maneira de lidar com ela no dia a dia.

Quanto mais o cuidador se dispuser a conhecer o passado e o presente do idoso, maiores serão as chances de surgir um vínculo afetivo verdadeiro entre as partes. Esse sentimento deixa o idoso mais à vontade para receber o cuidado e o incentivo daquele profissional, ao mesmo tempo que faz o cuidador realizar seu trabalho com prazer.

O profissional bem preparado sabe que, por mais longa que seja a sua experiência, cuidar de idoso é sempre uma experiência única. Ao contrário das crianças – que com o crescimento atravessam fases bem parecidas e para as quais há orientações específicas –, o idoso é alguém que já passou por todas as etapas da vida e carrega consigo muitas experiências somadas. Nesse sentido, o idoso é muito mais complexo, exigindo de seu cuidador doses extras de jogo de cintura e de criatividade para lidar com ele.

Desafios do bom cuidador

Higiene, alimentação e lazer são os pontos básicos da rotina de cuidados com o idoso. A conversa com a família – incluindo a participação do idoso – será valiosa para que você descubra comidas e programas favoritos e, ainda, os horários da casa para o despertar, o banho e os demais procedimentos relacionados ao cuidado físico.

O trabalho, como você deve imaginar, não é pouco. Portanto, fique atento para que as tarefas cotidianas não diminuam o seu prazer no exercício da profissão e muito menos afrouxem o laço afetivo que você construiu – ou vem construindo – com o senhor ou a senhora que está sob seus cuidados. Acolhimento: essa é palavra-chave. Faça o idoso se sentir sempre acolhido.

Envelhecer não é igual para todas as pessoas. Muitos homens e muitas mulheres conseguem manter, na chamada terceira idade, uma vida ativa. Outros, porém, por mais que tenham zelado pela sua saúde, podem ser pegos de surpresa por um acidente ou mesmo por uma doença, que, de alguma forma, limite suas capacidades. Essa limitação pode ser motivo de tristeza para o idoso, por isso ele precisa de alguém para apoiá-lo e ajudá-lo a progredir no que for possível.

É por conta dos imprevistos da vida que a profissão de cuidador de idosos existe, e disso você não deve se esquecer. Mesmo diante das situações mais estressantes, mantenha o equilíbrio, porque sem ele você corre o risco de agir de forma desrespeitosa, estando sujeito a críticas ou mesmo a perder o seu emprego.

Por outro lado, é preciso estar atento para que a história do idoso não pese sobre você de maneira exagerada, a ponto de transformar o seu sentimento de solidariedade em pena. Quando isso acontece, é comum o cuidador deixar de estimular o idoso, fazendo por ele tarefas que estariam ao seu alcance realizar com um pouco de incentivo. Essa não é uma atitude adequada. Também não se deve infantilizar o idoso. Afinal, ele não é criança. Ainda que esteja gravemente debilitado fisicamente ou incapaz de tomar qualquer decisão em causa própria, nunca o trate como se fosse um bebê. Essa atitude irrita, deprime e é considerada altamente antiprofissional.

Bom cuidador é aquele que sabe o seu papel de acompanhante, que estimula o idoso a manter sua independência naquilo que lhe é possível e, junto com tudo isso, transmite confiança para a família por meio de suas ações e de seus relatos. Acima de tudo, o idoso deve se sentir seguro ao lado de seu cuidador!

A seguir, você encontra informações e orientações que o farão pensar e ajudarão a agir no dia a dia com o idoso. Bom trabalho!

Ordem e relógio: a organização

A grande aliada do cuidador é a organização. E não estamos falando apenas em manter a ordem da casa e dos pertences do idoso, mas, principalmente, de combinar a rotina dele (hora de acordar, tomar café da manhã, banho de sol, almoçar, etc.) com os afazeres extras que estiverem previamente acertados com a família. Em muitos lares é comum, por exemplo, que o cuidador coloque as roupas do idoso para lavar, prepare a sua alimentação e até se responsabilize pela limpeza do espaço que é dele na casa.

Para dar conta de tudo sem ser atropelado pelas horas, tenha sempre em mãos um pequeno bloco de anotações com a lista das suas tarefas diárias e o horário em que cada uma delas deve ser executada. Aí, claro, não pode faltar o relógio no pulso.

Mil e uma utilidades: as anotações

O bloco de notas tem mais valor do que você imagina. Ele é indispensável, por exemplo, para que você anote os medicamentos que o idoso precisa tomar, a dose recomendada e os horários. Outra utilidade: o bloco serve para registrar tudo aquilo que você considere importante relatar para a família e para o seu colega de trabalho, no caso de o idoso ter mais de um cuidador (um de dia e um de noite, por exemplo).

O cuidador precisa estar atento a qualquer alteração no comportamento do idoso ou nas suas funções físicas. Ele pode ter alguma reação a um remédio, mal-estar por conta da alimentação ou sem causa aparente, pode também ter um lapso de memória inesperado ou, ainda, apresentar melhoras que devam ser comemoradas.

Nenhuma dessas informações deve escapar do seu bloquinho, que será a base da sua comunicação com familiares, médicos ou com outros profissionais responsáveis pelo idoso.

Com quem falar?

É bastante comum que o idoso tenha mais de um filho e que a contratação do cuidador resulte de um acordo entre os membros da família. Por um lado, é ótimo que mais de uma pessoa esteja envolvida na atenção dedicada a esse idoso. Por outro, muitas ordens diferentes (e, por vezes, até contraditórias) serão dadas ao cuidador.

De maneira muito educada, combine, logo no primeiro dia, com quem você deve tratar sobre a rotina do idoso e demais situações relacionadas a ele. Essa é uma dica importantíssima para evitar conflitos futuros.

Aliás, na primeira página do seu inseparável bloco de notas, devem estar registrados os telefones dos parentes (na ordem em que devem ser acionados para tratar de ocorrências cotidianas e de emergências) e também do(s) médico(s) que acompanham o idoso. Mas lembre-se: o cuidador somente entrará em contato com outros profissionais se for autorizado pelos familiares.

Tudo pela independência do idoso

O cuidador deve estar atento a tudo que se relaciona ao idoso para ajudá-lo a preservar ou reconquistar sua autonomia. Trocando em miúdos: é parte das suas atribuições estimular o senhor ou a senhora que está sob seus cuidados a ter independência.

Será que está ao alcance desse idoso fazer sua própria barba ou lavar a cabeça durante o banho? Será que ele quer ir ao supermercado ou fazer alguma compra? Será que ele gosta de cozinhar e pode ajudar no preparo das suas refeições? Muitos "serás" surgirão, e você, cuidador, precisa ter uma grande sensibilidade para perceber que tipo de desafios, digamos assim, você pode propor.

Em caso de dúvida, converse com a família ou peça permissão para perguntar ao médico do idoso até onde você pode ir com os estímulos à sua autonomia.

Em geral, quando o idoso consegue realizar sozinho atividades rotineiras, sua autoestima melhora e isso tem consequências positivas para o seu estado físico e emocional.

Nada como uma boa conversa

A relação com o idoso pode ser cheia de surpresas. Dependendo do seu temperamento, do constrangimento por precisar de um cuidador ou da perda de discernimento decorrente de alguma doença, a realização de tarefas simples às vezes se transforma em grandes batalhas diárias.

O idoso pode se recusar a tomar remédios, a se levantar da cama, a se vestir para sair, a tomar banho. As situações de resistência são variadas, e o cuidador precisa colocar toda a sua paciência e a sua criatividade à prova.

O caminho mais indicado é a negociação, o diálogo para tentar entender as razões pelas quais o idoso se recusa a fazer algo que não pode ser excluído da sua rotina. A luta contra o banho, por exemplo, pode ter relação com a vergonha de se despir na frente de outra pessoa, revelando um corpo envelhecido e, muitas vezes, deformado por doenças. Pode também resultar de traumas por má conduta profissional anterior, ou seja, outro cuidador pode ter zombado do idoso. Uma terceira hipótese, neste caso, pode ser a senilidade mesmo, que torna muitos idosos "turrões".

A família deve ser informada dessa resistência e, talvez, até o médico, pois eles podem ajudar o cuidador a formular argumentos e/ou estratégias para reverter o quadro. Quando a conversa não surte efeito, envolver o idoso em outra situação pode ajudá-lo a se distrair. Assim, ele nem perceberá que está realizando aquilo que se recusava a fazer. Por exemplo, fazê-lo caminhar um pouco mais mostrando alguma coisa supostamente interessante mais adiante no caminho.

É absolutamente contraindicado o uso da força. A imposição física tende a resultar em traumas emocionais, hematomas e, em certos casos, em contusões ou ferimentos graves.

Lembre que o idoso muitas vezes se sente solitário, e o cuidador, de alguma forma, preenche esse vazio. A boa relação entre as partes pode ajudar muito nesses momentos de resistência à rotina diária. É importante agir sempre com respeito e paciência, principalmente nos casos em que o idoso perde o discernimento e o limite, como é comum no início da demência senil e da doença de Alzheimer.

Entrando na rotina

Depois de se apresentar, de conhecer o idoso que estará sob seus cuidados e de estar consciente dos seus desafios como cuidador, finalmente chegou a hora de lidar com a rotina da sua função.

Os próximos tópicos trazem considerações a respeito de cada momento do dia – desde o despertar, passando pela higiene bucal, a alimentação, a atividade física, o banho, a recreação e diversas outras, até chegar a hora de dormir. Ao longo da leitura, você encontrará também dicas e alertas importantes para as mais diversas situações.

Sono restaurador

Guarde isto: a maioria dos idosos dorme pouco e dorme mal. Em geral, o somatório das horas dormidas à noite com os cochilos durante o dia resulta em 6 ou 7 horas de sono. E, por pior que nos pareça, esse total é considerado normal.

Sem saber disso, muitos cuidadores e familiares solicitam ao médico algum tipo de sonífero para que o idoso durma melhor. Em muitos casos, esses medicamentos causam perda da força muscular, tontura e, consequentemente, quedas. Quer entender o porquê do pouco sono ou do sono interrompido de boa parte dos idosos? Ansiedade e depressão.

As situações de estresse que acometem as pessoas em geral têm efeito redobrado para os idosos, porque estes muitas vezes não conseguem – ou não podem mais – agir para reverter algo que os esteja incomodando. O medo de dormir e não acordar é também comum, causando ansiedade e perda da qualidade do sono. O idoso ansioso costuma ter dificuldade de pegar no sono. Também acorda diversas vezes durante a noite.

A depressão pode fazer o idoso se levantar muito cedo, até mesmo de madrugada. Geralmente o distúrbio está relacionado com a morte do(a) companheiro(a), do(s) filhos(s), com dificuldades financeiras e, claro, com as limitações físicas que decorrem da velhice. A depressão também pode provocar o inverso, ou seja, fazer com que o idoso durma demais.

E A SONECA DEPOIS DO ALMOÇO? PODE?

Pois é. Acabamos de comentar que o cuidador deve tentar driblar os cochilos do idoso durante o dia na tentativa de ajudá-lo a dormir melhor à noite, mas cabe a pergunta: é para evitar a soneca depois do almoço?

Os especialistas garantem que a sesta – aquela dormida após o almoço – deve ser mantida por se tratar de um sono reparador. E, se o idoso gosta desse descanso, é claro que ele pode.

Entenda melhor: depois que nos alimentamos, a temperatura do corpo fica um pouco mais baixa do que o normal, para facilitar o processo de digestão. É aí que vem a sonolência. Recomenda-se, então, que o cuidador fique apenas de olho no relógio. Uma hora de sesta é mais do que o suficiente.

Suspeitando de ansiedade ou depressão por parte do idoso, o cuidador deve informar os familiares e o médico. Talvez resolvam medicá-lo, e, neste caso, o cuidador deve ficar atento aos efeitos do remédio. Será que houve melhoras no quadro ou não? O idoso tem se mostrado agitado? Tudo precisa ser observado, anotado e relatado.

Mas, como diz o velho ditado, é melhor prevenir do que remediar, e o cuidador pode ajudar muito na prevenção da má qualidade do sono do idoso. O estímulo à prática de atividades físicas é um bom começo, porque o esforço físico bem orientado ajuda a restaurar o sono noturno. Também é importante que o idoso não consuma bebidas estimulantes, como café, guaraná e mate, a partir do final da tarde. Por último, dê um jeito de evitar as muitas cochiladas durante o dia, para que o sono noturno seja restaurador. Mas lembre que essas medidas devem ser tomadas com muito tato, para que o idoso não sinta como se fossem uma imposição. O consentimento do idoso ajuda a manter a confiança no relacionamento com o cuidador.

A higiene bucal

Depois de uma boa noite, é hora de dizer: "Bom dia!".

Ao acordar e após as refeições, a escovação dos dentes é absolutamente indispensável. Se o idoso conseguir escovar os dentes sozinho, incentive-o a continuar responsável por essa tarefa. Se, no entanto, ele apresentar limitações que o impossibilitem de realizar o ritual de higiene, o cuidador deve atuar. Mas você sabe a forma correta de escovar os dentes?

PROBLEMAS NA BOCA?

Ao ajudar o idoso com a escovação, verifique se há algum machucado na cavidade bucal. Se encontrar algum ferimento, por menor que seja, comunique à família que o idoso precisa ser avaliado por um dentista. Lesões na boca podem indicar diversas doenças, sendo o câncer a mais grave.

E, por falar em boca, o cuidador deve saber que os idosos costumam produzir pouca saliva e reclamar da sensação de boca seca. Este é mais um caso em que o dentista precisa ser informado.

O USO DE FIO DENTAL

A higiene bucal de qualquer pessoa, incluindo os idosos que tenham ou não próteses dentárias, inicia-se com o uso do fio ou da fita dental. Eles servem para remover a placa bacteriana entre os dentes, chegando a lugares que a escova não alcança. Não custa repetir que, se o idoso puder realizar esta atividade, o cuidador deve incentivá-lo a executar o passo a passo sozinho. Pelo menos uma vez ao dia o fio dental precisa ser usado e da seguinte maneira:

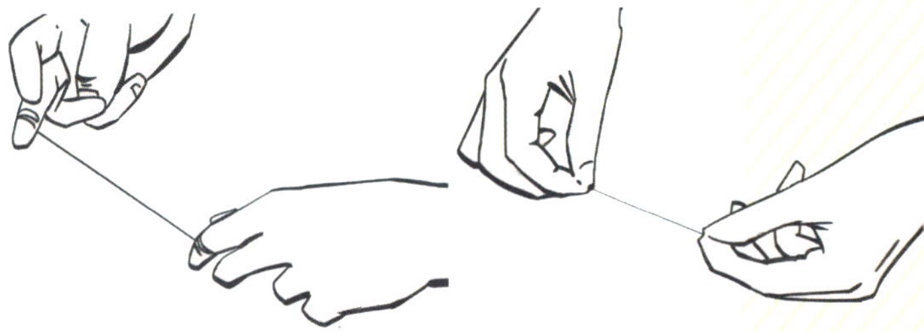

- *Corte cerca de 30 centímetros do fio e o enrole duas vezes no dedo médio de uma das mãos, apoiando-o com o indicador e o polegar. Segure a outra ponta com a outra mão.*

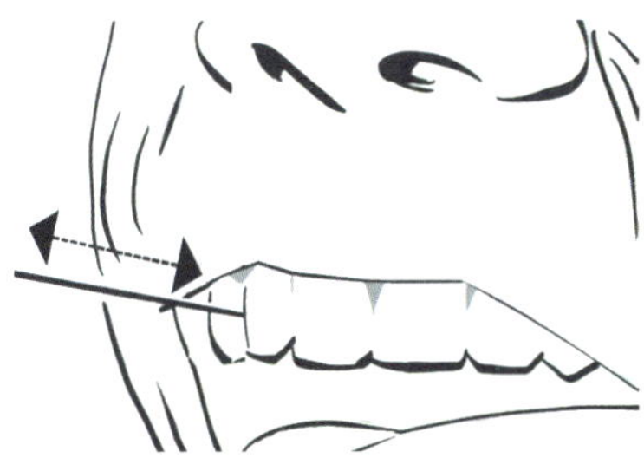

- *Coloque o fio entre dois dentes e, com delicadeza, deslize-o até avançar um pouco atrás da gengiva. Faça movimentos contínuos e suaves como se estivesse polindo o dente. Repita a operação na face de cada dente, não se esquecendo de ir desprendendo o fio dental preso nos dedos.*
- *Complete a higiene de toda a boca. O ideal é seguir a mesma ordem da escovação para não esquecer nenhum dente, começando nos dentes superiores de trás e vindo para os da frente. Depois faça o mesmo nos dentes inferiores.*

DENTADURAS

Muitos idosos perdem todos os dentes ou alguns deles, passando a fazer uso de próteses. O procedimento de cuidado com a dentadura é o mesmo indicado para os dentes naturais. Lembrando que, se possível, o idoso mesmo deve cuidar da escovação.

COMO ESCOVAR OS DENTES

Primeiro escove a face externa dos dentes, começando do fundo da boca e vindo em direção à frente.

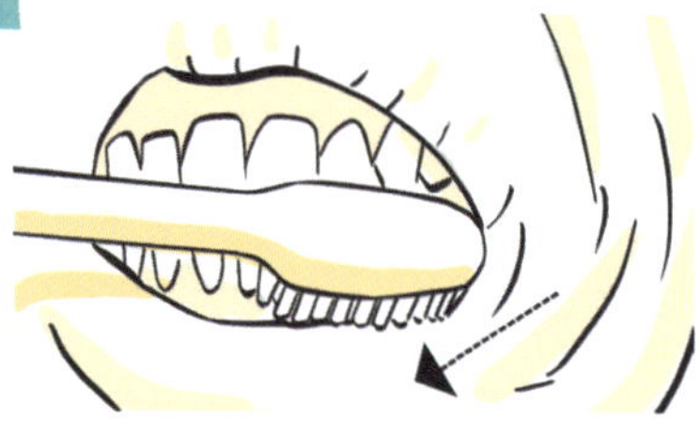

Depois, escove a parte dos dentes que mastiga, com movimentos para a frente e para trás.

Em seguida, deve-se escovar a face interna dos dentes (a que fica voltada para a língua), movimentando a escova de baixo para cima (na arcada inferior) e de cima para baixo (na arcada superior), sempre da gengiva à ponta dos dentes.

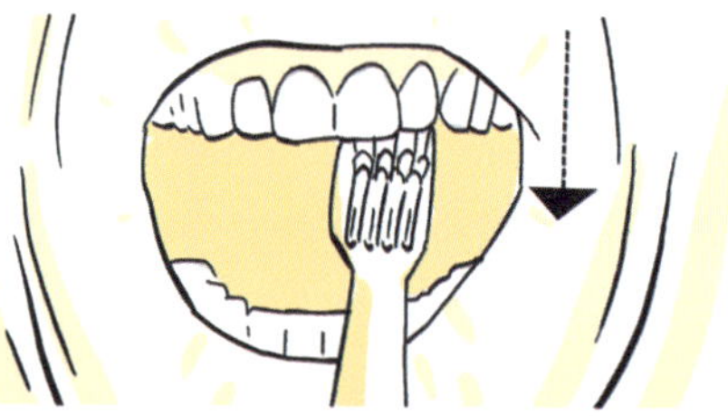

Por último, escove a língua, mas com suavidade, para evitar tosse, engasgo ou mesmo vômito.

Agora, é só enxaguar!

Alimentação com qualidade

Pode ser que o seu acordo de trabalho inclua o preparo das refeições do idoso. O ideal é saber o que o médico ou o nutricionista indica para compor as refeições do dia, o que deve ser consumido em menor quantidade e o que não deve ser oferecido ao idoso. Consultar um nutricionista é sempre uma boa atitude da família, pois esse profissional tem condições de fazer a avaliação alimentar, sugerir cardápios e dar orientações personalizadas.

Caso o idoso não tenha essas recomendações médicas, peça ajuda aos familiares considerando sempre as preferências do idoso. A pirâmide alimentar é um recurso prático para a família e o cuidador organizarem os lanches e as refeições. Veja a figura abaixo e o quadro na página 91.

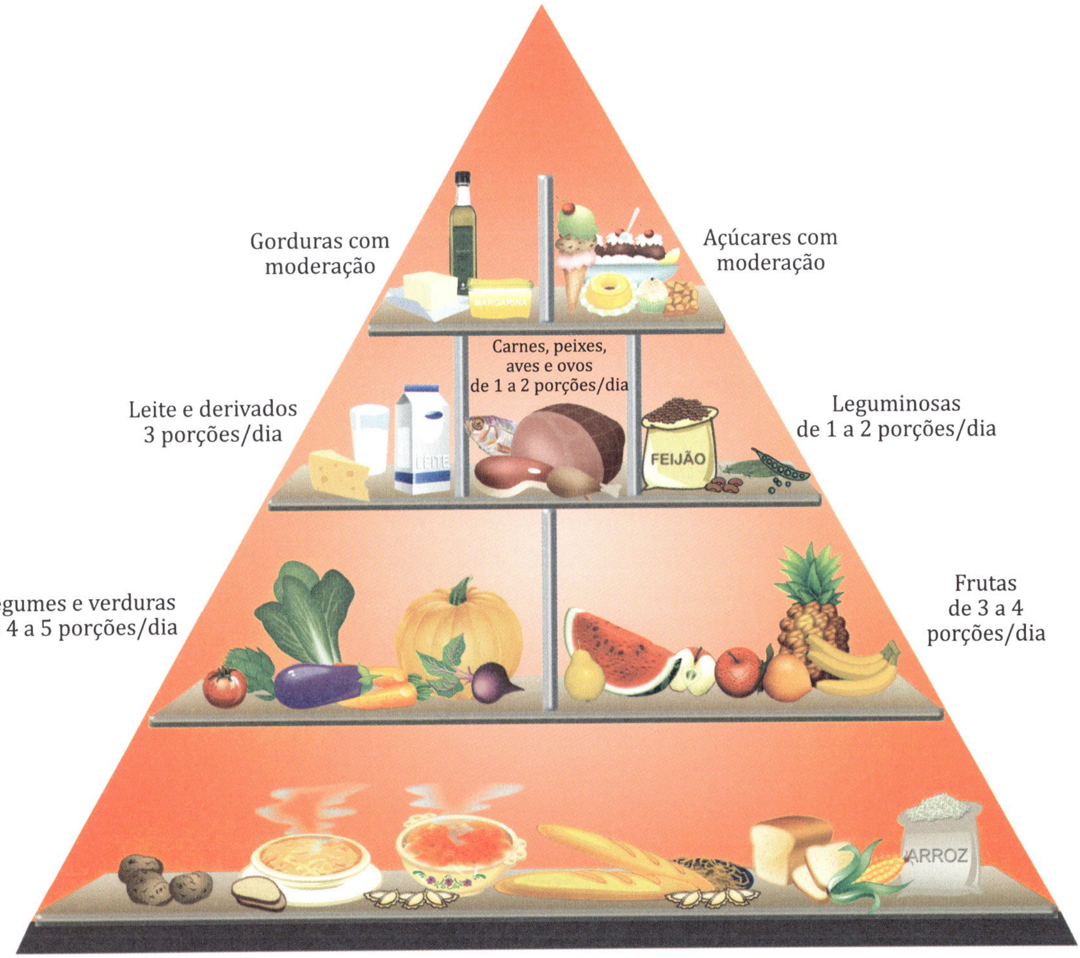

Carboidratos de 5 a 9 porções/dia

Na base da pirâmide estão os alimentos energéticos, que mais devemos consumir em cada refeição ao longo do dia. Acima, estão as frutas, os legumes e as hortaliças, que devem ser consumidas em boa quantidade. Depois estão os alimentos proteicos, de origem animal e vegetal, que devem ser ingeridos em pequena quantidade a cada refeição. E, por fim, os diversos tipos de gorduras e açúcares, que devem ser consumidos o mínimo possível.

Lembre que o idoso deve fazer, pelo menos, três refeições por dia (café da manhã, almoço e jantar) e dois lanches saudáveis (lanche da manhã e lanche da tarde). Aqueles que comem pouca quantidade e dormem mais tarde podem ter a ceia como mais um lanche.

No total, as refeições devem incluir, diariamente, seis porções de carboidrato (arroz, massas, pães, batata, inhame e mandioca), três porções de proteína animal (carnes magras, peixes, aves, ovos, leite e derivados), três porções de legumes e verduras e três porções de frutas.

A importância da ingestão diária de água precisa ser considerada. Idosos desidratam facilmente, não apenas porque possuem reserva hídrica menor, mas também porque não percebem a falta de água em seu corpo. A baixa ingestão de água leva à desidratação, que é a principal causa de confusão mental em idosos. É muito importante que o idoso crie o hábito de ingerir líquidos durante o dia (água, sucos, chás, frutas suculentas como laranja, tangerina, abacaxi e melancia). Recomenda-se a ingestão de líquidos a cada duas horas.

Cuidador, antes de entrar na cozinha, leve em conta que...

- ... alimentos integrais são altamente recomendados por serem ricos em fibras e ajudarem no funcionamento do intestino.
- ... quando o idoso apresenta poucos dentes ou nenhum, sua alimentação deve ser na forma de papas. Mas, se ainda puder mastigar, ofereça carnes e legumes picados. E esteja atento para que coma devagar e não engasgue.
- ... é comum os idosos perderem um pouco do paladar e reclamarem da falta de sabor na comida. O cuidador deve sempre experimentar os alimentos antes de oferecê-los para não correr o risco de exagerar em sal, açúcar ou temperos.

UMA PORÇÃO EQUIVALE A...

Carboidratos

Arroz branco cozido (3 a 4 colheres de sopa)
Batata cozida (1 e 1/2 unidade média)
Biscoito tipo *cream cracker* (5 unidades)
Bolo de milho (1 fatia)
Cereal matinal (1 xícara de chá)
Farinha de mandioca (2 colheres de sopa)
Macarrão cozido (3 e 1/2 colheres de sopa)
Milho verde (1 espiga grande)
Pão de fôrma tradicional (2 fatias)
Pão francês (1 unidade)
Purê de batata (3 colheres de sopa)
Torrada salgada (4 unidades)

Legumes e verduras

Abóbora cozida (1 e 1/2 colher de sopa)
Alface (5 folhas)
Beterraba crua ralada (2 colheres de sopa)
Brócolis cozido (4 e 1/2 colheres de sopa)
Cenoura crua picada (1 colher de servir)
Pepino picado (4 colheres de sopa)
Rúcula (15 folhas)
Tomate comum (4 fatias)

Leguminosas

Ervilha seca cozida (2 e 1/2 colheres de sopa)
Feijão cozido (1 concha com 50% de caldo)
Lentilha cozida (2 colheres de sopa)
Soja cozida (2 conchas)

Frutas

Abacaxi (1 fatia)
Ameixa-preta seca (3 unidades)
Banana-prata (1 unidade)
Caqui (1 unidade)
Goiaba (1/2 unidade)
Laranja-pera (1 unidade)
Maçã (1 unidade)
Mamão papaia (1/2 unidade)
Melancia (2 fatias pequenas)
Salada de frutas – banana, maçã, laranja e mamão (1/2 xícara de chá)
Suco de laranja (100 mℓ)
Tangerina/mexerica (1 unidade)
Uva comum (22 unidades)

Carnes, peixes, aves e ovos

Bife grelhado (1 unidade)
Carne assada (1 fatia pequena)
Filé de frango grelhado (1 unidade)
Omelete simples (1 unidade)
Peixe-espada cozido (1 posta)

Açúcares

Açúcar cristal (1 colher de sopa)
Geleia de frutas (1 colher de sopa)
Mel (2 e 1/2 colheres de sopa)

Leite e derivados

Iogurte desnatado de frutas (1 pote)
Iogurte integral natural (1 pote)
Leite tipo C (1 copo de 200 mℓ)
Queijo minas frescal (1 fatia grande)
Queijo mozarela (3 fatias)

Óleos e gorduras

Azeite de oliva (1 colher de sopa)
Manteiga (1/2 colher de sopa)
Margarina vegetal (1/2 colher de sopa, mas evitar o uso)
Óleo vegetal (1 colher de sopa)

TRÊS PASSOS PARA SOLUCIONAR O ENGASGO

Engasgo é algo comum entre idosos, trata-se de uma tentativa do organismo de expelir o alimento que seguiu pelo caminho errado, isto é, foi parar no aparelho respiratório em vez de seguir para o aparelho digestório. O cuidador deve estar atento nesse momento e, claro, aplicar a manobra de Heimlich (explicada a seguir) para solucionar o problema.

Essa manobra se aprende rapidamente, mas é preciso praticá-la. É possível simular em algum conhecido (filho, marido, etc.) e pedir que ele a repita com você, cuidador, para que fique claro como o objeto é expelido.

É raro acontecer, mas caso o cuidador não obtenha sucesso na aplicação da manobra de Heimlich, deve pedir ajuda a alguém da casa e chamar a emergência (Samu 192 ou Corpo de Bombeiros 193), pois pode acontecer de o idoso desmaiar pela dificuldade da passagem de ar.

Manobra de Heimlich

1. Fique de pé atrás do idoso e segure-o com os braços.

2. Coloque uma de suas pernas entre as pernas do idoso, pois, caso ele desmaie, sua perna irá apoiá-lo, evitando uma queda brusca.

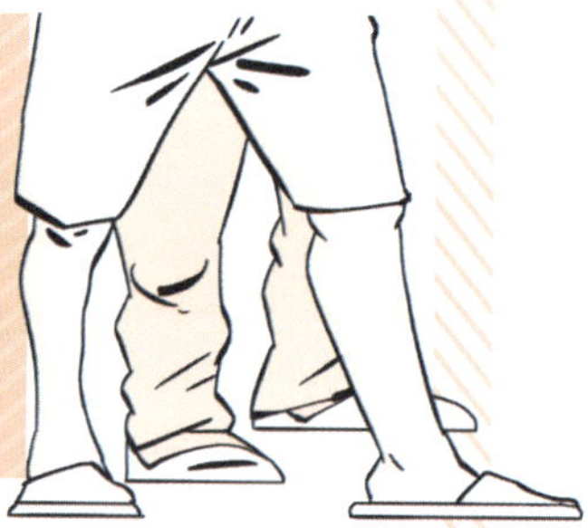

3. Coloque uma de suas mãos fechada um palmo acima do umbigo do idoso e faça uma suave pressão na forma de gancho. O engasgo é solucionado com a expulsão do que foi ingerido.

4. Se mesmo com a manobra de Heimlich o idoso não conseguir expelir o que provocou o engasgo, ligue para o atendimento de emergência (Samu 192 ou Corpo de Bombeiros 193).

Saúde é o que interessa!

De manhã ou à tarde? O horário de fazer atividade física pode ficar a critério do idoso ou da família; o que não pode é deixar esse compromisso com a saúde fora da rotina. De preferência, os exercícios devem ser feitos ao ar livre.

O médico, obviamente, deverá ser consultado quanto ao tipo de exercício mais adequado para o idoso, considerando suas limitações físicas. Alguns senhores e algumas senhoras contam com a ajuda de um fisioterapeuta para realizar os exercícios. Outros têm apenas a companhia do cuidador.

BANHO DE SOL

O banho de sol é importante para a fixação da vitamina D, mas o cuidador deve estar atento: não pode faltar filtro solar fator 50, óculos escuros e chapéu. A exposição está liberada somente até as 10 horas ou depois das 16 horas.
Atenção: nos estados em que se adota o horário de verão, o cuidador deve continuar se orientando pelo horário anterior.

Em geral, a atividade indicada é a caminhada, cabendo ao cuidador andar ao lado do idoso ou mesmo apoiá-lo – dando-lhe o braço, por exemplo – durante a atividade.

O tempo indicado para a prática de exercícios com idosos costuma variar de 30 a 40 minutos, na frequência mínima de três vezes por semana.

A prática de exercício físico faz o corpo liberar endorfina, substância diretamente ligada à sensação de prazer e ao bom humor. Se houver resistência do idoso na prática de alguma atividade, esse é um bom argumento para convencê-lo de que os exercícios vão fazer muito bem a ele.

No banho, a atenção deve ser total

Mesmo que o idoso tenha autonomia para tomar banho sozinho, o cuidador deve estar sempre por perto. O índice de acidentes com idosos durante o banho é muito alto. Portanto, na hora de realizar essa tarefa, todo cuidado é pouco.

Cuidador, tenha atenção aos seguintes pontos:

- O banho deve acontecer sempre no mesmo horário, respeitando a rotina do idoso sob seus cuidados.

SENSIBILIDADE

Muitas vezes os idosos teimam em realizar sozinhos determinadas tarefas que, visivelmente, não têm mais condições de fazer. No banho, isso é bastante comum, porque, em geral, eles se sentem constrangidos de serem ajudados num momento tão íntimo.

Cabe ao cuidador ter sensibilidade para perceber os momentos exatos em que o idoso precisa de auxílio. Esta ajuda pode ser apenas com palavras, para o caso do idoso que se encontra desorientado. Diante dessa situação, dê um comando de cada vez, por exemplo: "tire a camisa", "agora, tire... (outra peça, até estar completamente despido)", "molhe a cabeça", "passe o xampu", "lave as axilas", etc.

Para os que necessitam da ajuda física, o cuidador deve antecipar, em voz alta, cada uma das suas ações, por exemplo: "vamos tirar a camisa", "vamos tirar...", "vamos molhar a cabeça", "vamos passar o xampu", "vamos lavar as axilas", etc.

É preciso agir descontraidamente, a fim de minimizar o constrangimento do idoso em determinadas situações. Uma boa conversa sempre resolve.

- Cuide para que no ambiente não passem correntes de ar. Cheque se janelas e portas estão fechadas.
- Verifique se a água está na temperatura adequada e se todos os itens necessários (sabonete, xampu, creme, toalha, etc.) estão disponíveis.
- Caso o boxe não tenha piso antiderrapante e barras de apoio, convença o idoso a usar chinelos de borracha. Isso evita escorregões.
- Uma cadeira plástica pode ser colocada debaixo do chuveiro para que o idoso tome o banho sentado, reduzindo ainda mais as chances de queda. Não use banco de plástico, pois, em geral, é muito frágil.
- Outra opção indicada quando o idoso ou a idosa tem problemas de locomoção ou passa por uma fase de recuperação é a cadeira de banho. Uma cadeira simples (apenas com estrutura de ferro) que pode ser conduzida até o boxe, o que depende de espaço, é claro.
- Depois do banho de chuveiro, o idoso deve ser incentivado a passar hidratante no corpo todo. Use o hidratante indicado pelo médico. E colocar roupa limpa depois do banho causa grande prazer, não se esqueça disso em seus cuidados.

Nem sempre o idoso quer tomar banho todos os dias. Converse sobre isso com a família – pode ser que ele se movimente muito pouco, não ficando sujo ou suado. A vontade do idoso deve ser considerada. Vale repetir que o cuidador que tenta modificar completamente a rotina do idoso corre grande risco de ser rejeitado por ele, dificultando a vida de todos.

PARTES ÍNTIMAS

O cuidador deve ter muito respeito pelos hábitos dos idosos, lembrando sempre da situação de constrangimento na hora do banho. Se for possível, permita que o senhor ou a senhora sob seus cuidados realize a higiene de suas partes íntimas. Assim que terminar, lave bem as mãos dele ou dela.

Mas alguns idosos não conseguem mais realizar essa tarefa. Nesse caso, o cuidador deve calçar luvas e proceder à higiene íntima, mantendo o idoso informado sobre cada etapa, até finalizar.

Banho na cama

Para os idosos com grandes limitações de movimentos, o banho no chuveiro é muito desgastante. Nem mesmo a cadeira de banho é solução. Nessas situações, o cuidador deve ser hábil ao realizar a higiene na cama.

E atenção: quando o idoso, além das limitações motoras, estiver usando cateteres venosos, vesicais, nasogástrico, etc., o banho passa a ser de competência do profissional técnico de enfermagem, pelo aumento da complexidade da tarefa.

Vamos explicar o passo a passo do banho na cama, que pode parecer complicado, mas com a prática se dá de forma tranquila tanto para o idoso quanto para o cuidador. O idoso vai perceber que o banho traz bem-estar.

- Primeiramente, organize o banho, levando para o quarto todos os itens de higiene pessoal que serão usados: toalha de banho, duas toalhinhas ou compressas que servirão de esponja, sabonete líquido (sabonete em barra aumenta o risco de infecções), xampu, cotonetes, hidratante, bacia com água morna, jarra com água morna, roupas limpas. Também existem toalhinhas umedecidas próprias para banho no leito, que substituem as toalhas convencionais. Essa organização é importante para evitar que o idoso fique exposto por muito tempo esperando as idas e vindas do cuidador. Esteja atento o tempo todo, para evitar que ele caia da cama.

- Verifique se a água da jarra não está quente demais, porque até mesmo água morna pode ser traumática para uma pele sensível como a do idoso.
- Forre a cama com material impermeável – pode ser plástico ou tecido emborrachado. Cubra o idoso com um lençol ou toalha para protegê-lo do frio.
- Utilize luvas de procedimentos como proteção individual durante o banho no leito.
- Comece pela higiene bucal. Siga os passos apresentados no item "A higiene bucal" nas páginas 86, 87 e 88.
- Em seguida, higienize o rosto. Coloque um pouco de sabonete líquido numa das toalhinhas umedecidas na água morna. Passe suavemente a toalhinha na pele do rosto do idoso ou da idosa. Finalize sempre a higiene de uma parte do corpo antes de avançar para a seguinte. Por exemplo: antes de higienizar cabeça, seque o rosto do idoso com a toalha.

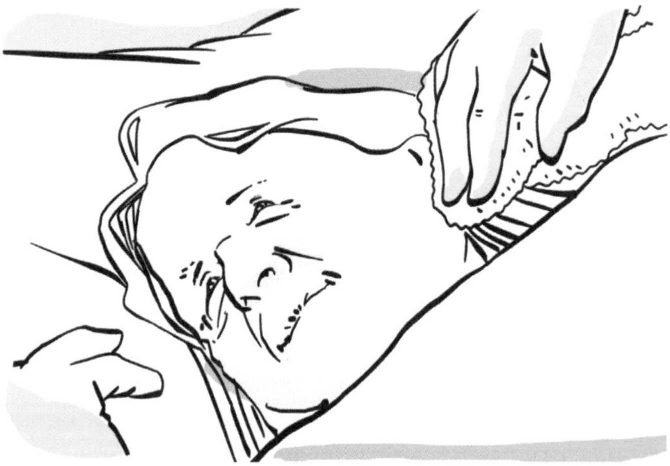

- Agora é a vez da cabeça, mais trabalhosa. Para maior conforto do idoso, posicione um travesseiro em suas costas, para elevar o tronco e fletir a cabeça para trás. Coloque a bacia sob a cabeça do idoso. Umedeça os cabelos jogando um pouco de água da jarra, com cuidado. Aplique o xampu em pequena quantidade no cabelo. Massageie o couro cabeludo gentilmente e, depois, enxágue com a água da jarra. Use condicionador ou não, conforme o costume do idoso. Com a toalha, seque os cabelos com cuidado. Deixe os cabelos enrolados em uma toalha enquanto termina a higienização do corpo. Depois, se for usar secador de cabelos, use a opção "morno" e direcione o ar longe do couro cabeludo, a fim de não queimá-lo.

- Desça limpando pescoço, braços e mãos, axilas, tronco (frente e costas) e abdome, não se esquecendo de secar cada parte do corpo limpa antes de passar para a parte seguinte. Faça movimentos leves e não friccione para não machucar a pele fina e sensível do idoso.

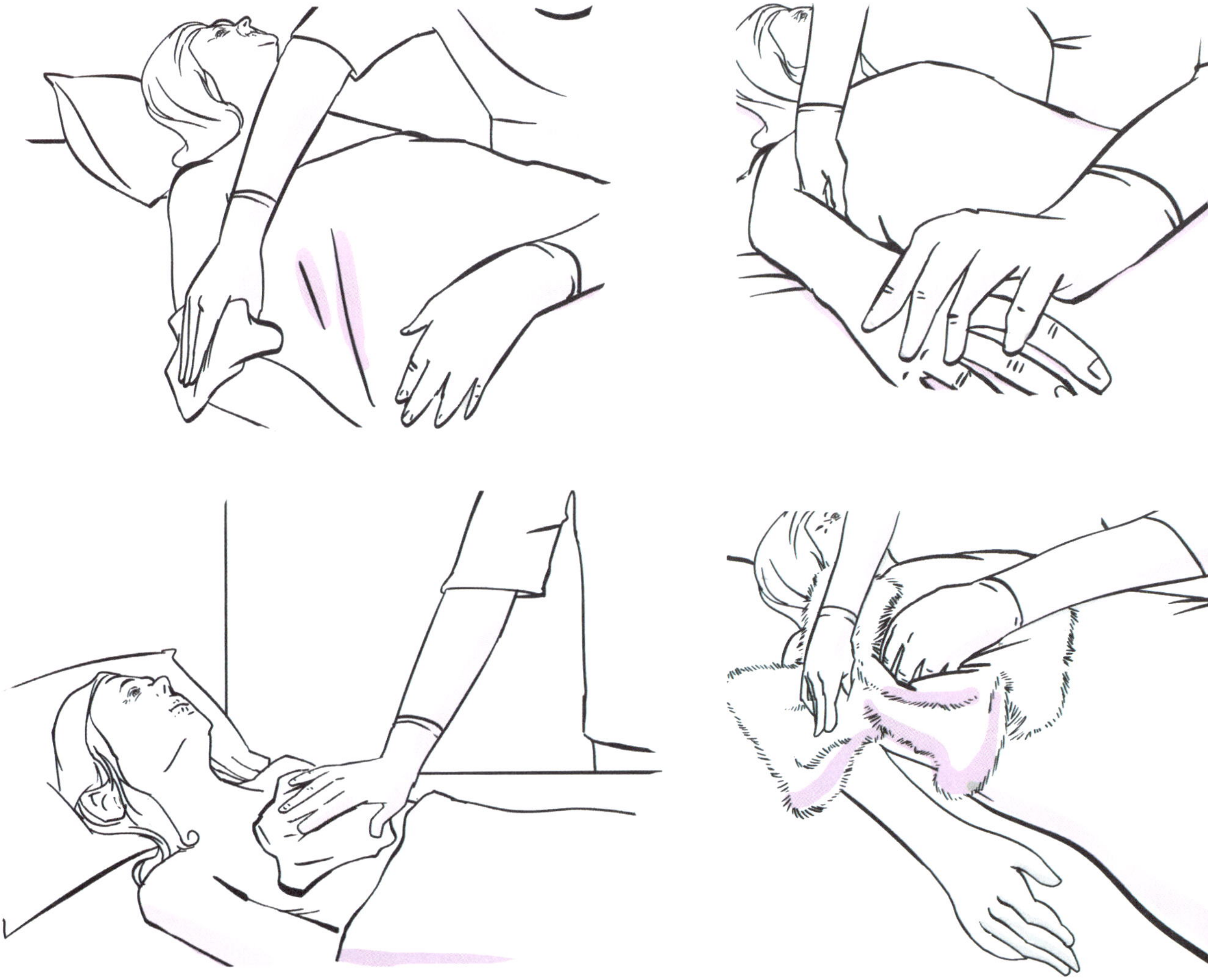

- Siga os mesmos procedimentos para pernas e pés.
- Com a segunda toalha, lave os órgãos genitais e as nádegas. Enxugue-os pare que o idoso não sinta frio.

- Passe hidratante no corpo todo. Use o hidratante indicado pelo médico. A hidratação é recomendada porque evita o ressecamento da pele e, assim, diminui o risco de infecção e escaras.
- Vista as roupas limpas no idoso.
- Troque as roupas de cama, porque sempre ficam um pouco molhadas. Faça a arrumação da cama, conforme as normas de cuidados estabelecidas com a família. Enquanto faz a troca da roupa de cama, deixe o idoso sentado em uma cadeira. É um momento importante de movimentação.

QUEM PRECISA USAR FRALDAS?

Seja por incontinência urinária e/ou fecal ou mesmo pela impossibilidade de utilizar o banheiro, alguns idosos precisam usar fraldas. O cuidador, claro, tem a responsabilidade de trocá-las e deve estar atento a alguns detalhes:

- *A troca de fraldas deve ser feita a intervalos regulares.*
- *Fraldas molhadas em contato com o corpo por muito tempo podem provocar mau cheiro, assaduras, feridas na pele e, até mesmo, infecções urinárias. Estas últimas são mais comuns nas mulheres, pois com a menopausa ocorrem ressecamento das mucosas e retração dos pequenos lábios com exteriorização da uretra. O médico pode indicar pomadas ginecológicas para aliviar tais problemas.*
- *É imprescindível o uso de luvas descartáveis para realizar as trocas de fralda.*
- *A higiene íntima do idoso precisa ser feita a cada troca de fralda, seja lavando a região ou limpando-a com lenços umedecidos sem adição de álcool. A pele do idoso é muito fina e não deve ser friccionada. O uso de hidratante ou pomada específica deve ter indicação médica.*

Hora de se vestir

Em vários momentos deste livro, destacamos o papel importante do cuidador no incentivo à independência do idoso. Essa orientação vale também na hora de se vestir. Sempre que possível, envolva o senhor ou a senhora sob seus cuidados na escolha da roupa. Fique por perto durante a troca de roupas e, percebendo alguma dificuldade, ofereça ajuda. Mas procure incentivar algum esforço do idoso ou da idosa.

Há situações em que, provisória ou definitivamente, o idoso não apresenta mais condições de vestir-se sozinho. Nesses casos, veja como proceder para vesti-lo.

Calcinhas, cuecas e bermudas

Com o idoso sentado ou deitado, vista uma das pernas até um pouco acima do joelho, depois vista a outra e suspenda a peça até a cintura. Dependendo do estado físico do idoso, você não poderá pedir que ele fique de pé e precisará virá-lo para um lado e para o outro. Faça isso com delicadeza e finalize fechando o zíper ou os botões, quando houver.

Camisas e blusas com botões

Com o idoso sentado ou deitado, estique um dos braços dele para vestir uma das mangas. Passe a camisa/blusa pelas costas e realize um movimento de dobrar e esticar o outro braço para vestir a outra manga. Abotoe e pronto!

Camisetas de malha e blusas sem botões

Dependendo da situação do idoso – em especial, os acamados –, esse tipo de roupa não é recomendado pela dificuldade na hora de vestir. Mas, se houver necessidade de usá-las, recomenda-se primeiro passar a cabeça e, depois, os braços. Dobre e estique cada um dos braços do idoso com cuidado para vestir as mangas.

Saias e vestidos

Saias são opções muito práticas. As de elástico podem ser vestidas tanto pelas pernas quanto pela cabeça. Os modelos com zíper ou botões também não complicam muito, basta fechar e girar a saia até a posição certa, conforme o modelo.

Para os vestidos, vale a regra das camisas com ou sem botões, de acordo com o modelo.

DETALHES QUE FALAM MUITO

A perda da coordenação ao vestir-se pode indicar o início de doenças como Parkinson, Alzheimer e da própria demência senil. O cuidador deve estar atento e notificar qualquer mudança de comportamento aos familiares.

Calçados e meias

O segredo das meias está em não vesti-las esticadas, mas encolhendo-as. Vista, primeiro, a ponta dos dedos e vá esticando a meia até passar pela curva do calcanhar.

Quanto aos calçados, em geral, os idosos preferem os confortáveis, práticos e leves. Mesmos as mulheres mais vaidosas rejeitam os sapatos ou as sandálias de salto por medo de quedas.

Os chinelos do tipo havaianas são contraindicados, porque precisam de certa habilidade para que não saiam dos pés. Também, por segurança, os calçados precisam ter solas antiderrapantes e ser ajustados, sem apertar ou incomodar os pés do idoso. Recomenda-se evitar cadarços e dar preferência aos modelos com velcro, especialmente para a prática de atividades físicas.

Para calçar os sapatos, não é preciso força, mas jeito. Calce o sapato até a metade do pé, ajeite e siga fazendo suaves movimentos para um lado e para o outro até que todo o pé esteja acomodado.

Saúde e beleza

Manicure e pedicure

Idosos precisam ter as unhas das mãos e dos pés sempre aparadas e limpas. Não só para evitar o acúmulo de microrganismos que possam causar doenças, mas também para que mãos e pés fiquem bonitos e bem tratados.

Como na velhice as unhas tendem a ficar mais duras, o ideal é cortá-las após o banho e com extremo cuidado para evitar ferimentos. A seguir, quatro dicas importantes para o cuidador:

1. Usando um cortador ou uma tesourinha, corte as unhas acompanhando sua curvatura natural, nunca muito rente ao dedo.

2. Lixe as unhas com delicadeza. Retire todas as pontinhas que possam arranhar a pele sensível do idoso.

3. Se não for possível cortar as unhas do idoso logo depois do banho, coloque pés e mãos de molho em água morna por alguns minutos. As unhas amolecem e seu trabalho fica mais fácil.

4. Não tire a cutícula das unhas, ela é uma proteção natural.

CUIDADOR, SEJA BOM OBSERVADOR!

Enquanto estiver tratando das unhas do idoso, observe se os pés ou as mãos apresentam algum tipo de ferimento ou sinais de ressecamento. Se houver, mostre a lesão ao familiar responsável para que ele peça uma opinião do médico ou do podólogo.

Para as mulheres mais vaidosas, pintar as unhas é um hábito que dá grande prazer. Se for vontade da idosa, pergunte à família e ao médico se há alguma restrição quanto a pintar as unhas. Existem várias marcas de esmaltes antialérgicos no mercado. É um momento de socialização levar a idosa ao salão de beleza, ou solicitar que a manicure ou o podólogo atenda em domicílio.

Para os homens mais vaidosos, também será um prazer ter as unhas sempre limpas e aparadas. Talvez o idoso também queira passar uma base transparente nas unhas. Não custa perguntar.

Cabeleireiro

Se o idoso sob seus cuidados gosta de frequentar o cabeleireiro e tem condições de se deslocar, você, cuidador, pode combinar com os familiares e fazer esse programa com ele. Normalmente, a saída do idoso para esses espaços de beleza é um bom momento de socialização.

Para muitos homens e mulheres, cuidar da aparência é revigorante. Como o cuidador também tem a função de valorizar a autoestima do idoso ou da idosa, estimule-os a dar continuidade aos cuidados com os cabelos. Há os que preferem apenas o corte, mas há também mulheres que não abrem mão da tintura ou mesmo da escova. Participe desses momentos!

Se por acaso a ida ao cabeleireiro não for mais prazerosa para o idoso ou mesmo difícil em termos de deslocamento, avalie com a família se é possível chamar um profissional em casa.

Barbas de molho

Se o idoso estiver se locomovendo bem, você, cuidador, pode combinar com os familiares e fazer um programa no salão de barbeiro com ele. Será um ótimo momento de socialização. Mas a barba pode ser feita em casa pelo próprio idoso com a ajuda do cuidador. Aliás, é preciso estimular práticas de autocuidado, a fim de manter a autonomia do idoso. Se o idoso tiver problemas de locomoção e o cuidador souber fazer uma barba benfeita, então a questão pode ser resolvida dessa forma. Ou ainda um barbeiro pode ser chamado para barbear o idoso.

Cuidador, saiba que atenção, delicadeza e paciência são fundamentais na hora de fazer a barba. O processo deve ser realizado com cuidado para evitar ferimentos e, de preferência, no banheiro, próximo da pia. Quando houver necessidade, leve uma bacia de água morna para o quarto do idoso e todos os itens de higiene que serão usados: toalha de rosto, creme ou espuma de barbear, pincel, aparelho de barbear, loção pós-barba.

- O ideal é que o idoso esteja sentado e com uma toalha ao redor do pescoço.
- Comece espalhando sobre a barba o creme ou a espuma de barbear.

- Posicione o aparelho de barbear inclinado sobre um dos lados da face do idoso, na altura das costeletas. Faça o aparelho deslizar de cima para baixo. Vá barbeando até chegar à base do pescoço. Repita o processo do outro lado da face.

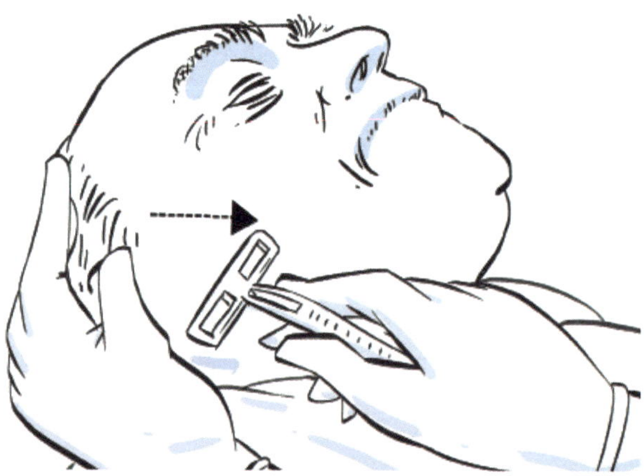

- Lave o rosto do idoso, seque suavemente e reinicie o processo. Desta vez, fazendo movimentos de baixo para cima, começando pela região do pescoço e finalizando nas costeletas.

- Lave o rosto e seque suavemente.
- Passe uma loção pós-barba e pronto!

Hora do remédio

Pressão alta, colesterol alto e diabetes são três doenças comuns na velhice. Mas existem outras que também exigem controle de perto e muitas vezes, o uso regular de medicamentos.

Em geral, a família atribui ao cuidador a tarefa de medicar o idoso, informando a dosagem e os horários corretos. Não custa lembrar que você deve ter todas as orientações escritas em seu caderno de anotações para não correr o risco de errar ou esquecer algum detalhe da medicação. É importante também comparar sempre (mais de uma vez, se possível) o nome anotado com o nome escrito na caixa do remédio.

MEDIÇÃO DA TEMPERATURA

Os passos para lidar com suspeita de febre no idoso são os mesmos que foram explicados nos cuidados com as crianças, na página 57. Mas existe um cuidado extra aqui: se o idoso tiver problema renal crônico, não ofereça líquido em excesso para tentar combater a desidratação. Isso poderá fazer mal a ele.

O cuidador precisa estar sempre atento ao estado geral do idoso para identificar, o mais cedo possível, o surgimento de qualquer enfermidade. Mas tenha muito claro que você, cuidador, vai administrar apenas medicamentos orais. Supositórios ou injetáveis são responsabilidade de profissionais da saúde.

PRESSÃO ALTA OU BAIXA

Os sintomas de pressão alta e baixa muitas vezes se confundem. Nas duas situações, pode haver tontura, enjoos, dor de cabeça e sensação de pressão na nuca. Se o idoso tiver um histórico de alteração da pressão já conhecido pelo médico e apresentar esses sintomas, o cuidador deverá avisar a família imediatamente.
Algumas casas dispõem de um aparelho de medir pressão. Faça a medição caso você tenha sido autorizado pelos familiares e comunique o resultado a eles. Não é indicado sair com o idoso nessas condições para medir a pressão em uma farmácia.

Ambiente seguro

Casa que tem idoso deve seguir determinadas regras de segurança, principalmente para evitar quedas, um problema comum entre pessoas mais velhas e que aumenta progressivamente com a idade.

Para prevenir quedas e melhorar a acessibilidade daqueles que se deslocam com muletas, andador ou cadeira de rodas, devem ser eliminados tapetes e objetos espalhados pelo chão da casa. Se for inviável eliminar os tapetes, há duas soluções: fixá-los no piso com uma fita dupla face ou colocar uma tela antiderrapante sob eles. Deixar um ponto de luz aceso durante a noite também é um procedimento de prevenção.

INFECÇÃO SEM FEBRE?

Nem sempre os idosos apresentam febre quando têm alguma infecção. Em geral, o organismo reage com maior sonolência e recusa alimentação. Por vezes, eles também se tornam confusos. Mais uma vez, cuidador, fique atento e passe essas informações à família.

Os desníveis entre os pisos dos cômodos da casa também favorecem as quedas. Nesse caso, vale a pena saber se a família pode providenciar algumas placas de madeira, criando pequenas rampas que facilitem a circulação.

Agora, vejamos o que o cuidador pode fazer para prevenir acidentes com idosos em cada cömodo.

Banheiro – Todo cuidado é pouco no banheiro, porque a umidade pode tornar o piso mais escorregadio do que o normal. Uma medida que deixa o ambiente mais seguro é a instalação de piso antiderrapante. Vale a pena falar sobre isso com a família. O ideal é que o banheiro tenha barras de apoio fixadas na parede, perto do vaso sanitário e no boxe para facilitar a locomoção do idoso.

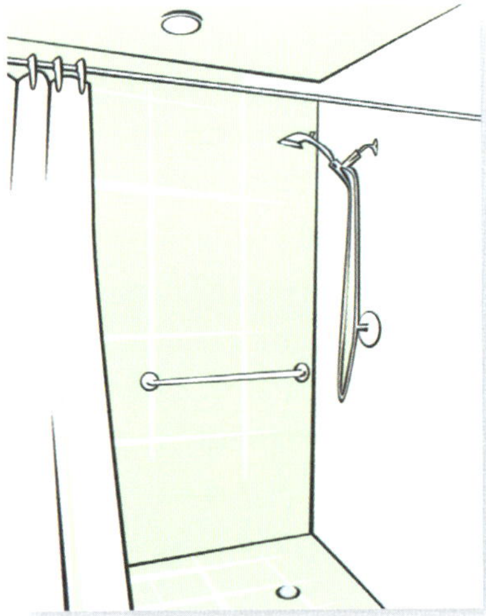

Havendo ou não essas adaptações, não deixe o idoso sozinho nem por um minuto. Quando ele quiser usar o vaso sanitário e tiver equilíbrio e autonomia para ficar sozinho, coloque-o sentado e fique à porta do banheiro até que ele o chame para levantá-lo. Se o idoso precisar de apoio, permaneça ao seu lado durante o uso do vaso sanitário. Lembre que o uso do banheiro deve ser combinado com o idoso e com a família e, evidentemente, depende das condições de saúde do idoso. Na hora do banho, o ideal é usar a cadeira higiênica – o banho sentado reduz bastante o risco de acidentes graves.

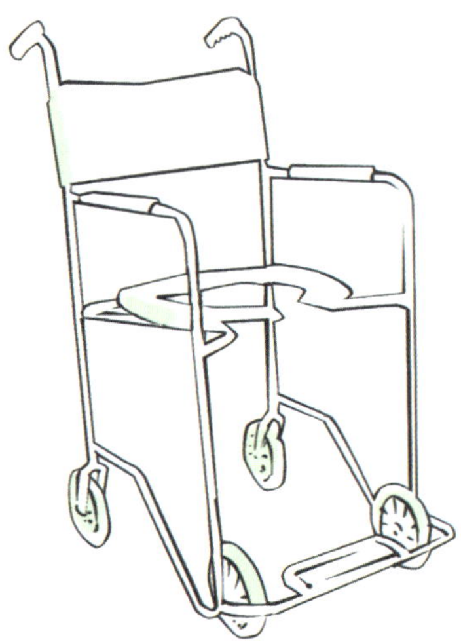

Corredor – O ideal é que esse espaço da casa seja livre de obstáculos à locomoção do idoso. Se houver vasos de plantas ou qualquer outro objeto que você considere perigoso, verifique com a família se é possível realocá-lo em outro cômodo.

Cozinha – Para que o idoso ajude a preparar suas refeições ou possa fazê-las com maior conforto e menor risco de se acidentar, acomode-o em uma cadeira de assento firme e próximo a uma mesa ou bancada que tenha cerca de 80 centímetros de altura. Esse aparato lhe trará segurança.

Quarto – A altura ideal da cama do idoso é aquela que lhe permite apoiar os pés no chão para se levantar sem se desequilibrar. Converse sobre isso com a família e também sobre uma possível rearrumação do quarto, caso objetos que o idoso costume manusear com frequência estejam acomodados em locais muito baixos ou muito altos. Evitar que ele se abaixe ou suba em banquinhos e escadas diminui consideravelmente o risco de acidentes. Lembre-se ainda que, na hora de dormir, deve haver um suave ponto de luz aceso no quarto, para que o idoso se oriente no cômodo sempre que precisar levantar.

Sala – Procure acomodar o idoso em cadeiras ou poltronas altas e não muito moles. Fica mais fácil para ele se apoiar e se levantar sozinho. Deixar as cortinas abertas para entrar a luz natural também é válido, porque a claridade permite que o idoso circule com mais segurança pelo ambiente. Se for necessário, afaste mesas de centro e outros móveis baixos enquanto o idoso estiver na sala.

DETALHE IMPORTANTE

O MELHOR É ELIMINAR AS CHAVES DAS PORTAS

Nunca deixe o idoso sozinho em um ambiente. O cuidador deve estar sempre por perto para impedir que as portas sejam trancadas e para facilitar o socorro no caso de um imprevisto. Uma solução simples é eliminar as chaves das portas e eventuais trincos. À noite, as chaves das portas de saída devem ser guardadas em local de difícil acesso, para o caso de o idoso acordar e resolver sair despercebido.

100% DE ATENÇÃO

As estatísticas revelam que, entre idosos, a maior incidência de quedas é à noite, quando os senhores e as senhoras se levantam para ir ao banheiro. Seja uma, duas ou dez vezes, o cuidador deve sempre acompanhar o idoso neste trajeto, a fim de evitar acidentes. Novamente, um ponto de luz é muito importante nessa hora.

É possível também evitar problemas mais graves relacionados a ossos e músculos, prestando atenção às queixas de dores relatadas pelo idoso. O cuidador deve informar a família sobre esses incômodos frequentes, para que as causas sejam investigadas e tratadas. Quando são ignoradas, tais dores podem levar ao comprometimento da autonomia física do idoso.

Na cozinha, todo cuidado é pouco. Muitas vezes o idoso ou a idosa resolve cozinhar, apesar de estar debilitado física ou mentalmente. Cabe ao cuidador convencê-lo do contrário ou então permanecer atento a todos os movimentos e as ações do idoso para evitar cortes, queimaduras, esquecer o gás ligado, queimar panos de prato, etc.

Tapetes, líquidos derramados e objetos espalhados pelo chão (principalmente quando se tem criança na casa) são perigos que devem ser eliminados. Retirar os tapetes da casa ou colocar treliça antiderrapante entre o piso e o tapete, limpar imediatamente todo líquido que caia no chão, deixar o piso livre de objetos que possam causar quedas são medidas para evitar acidentes graves.

Prevenção nunca é demais

Prevenir acidentes é tão importante quanto prevenir lesões por falta de movimentação. Idosos que permanecem muito tempo na mesma posição – seja na cama ou em cadeiras de rodas – podem apresentar áreas do corpo avermelhadas (as mais comuns estão marcadas nas ilustrações a seguir), que indicam excesso de compressão dos tecidos e início de falta de oxigenação. Essas manchas na pele podem evoluir para feridas com diferentes graus de gravidade. O bom cuidador pode evitar essas complicações mudando o idoso de posição periodicamente.

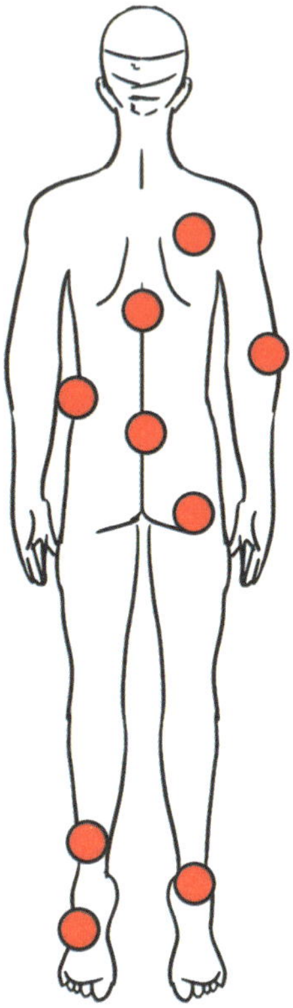

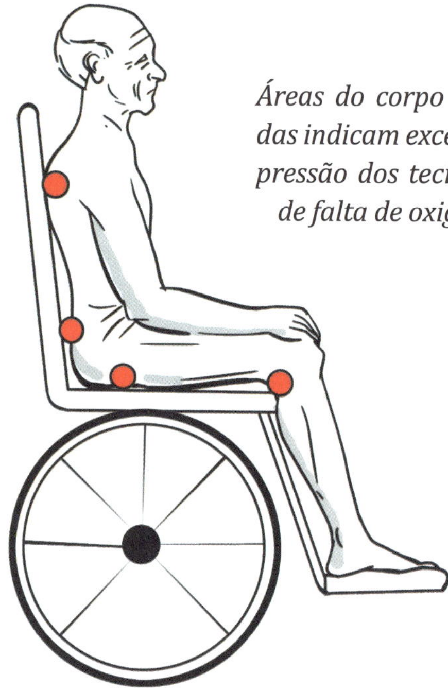

Áreas do corpo avermelhadas indicam excesso de compressão dos tecidos e início de falta de oxigenação.

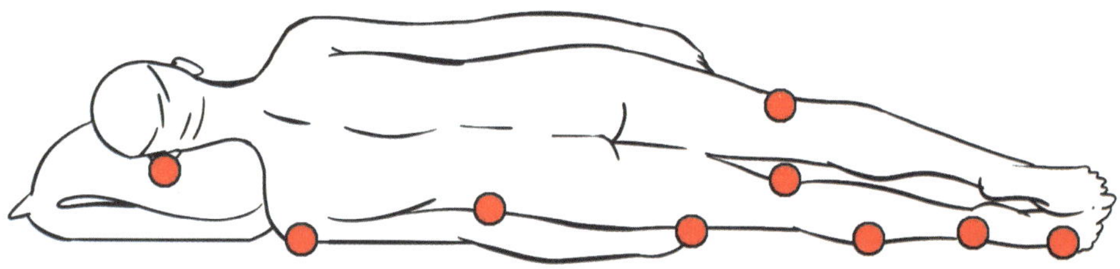

Técnicas de movimentação

É importantíssimo que o cuidador incentive o idoso a colaborar durante as manobras de movimentação para que preserve a sua independência e se exercite.

Observe as imagens para saber como acomodar o idoso da maneira mais confortável e também para entender como se faz a transferência da cama para uma cadeira e vice-versa. Você vai descobrir que técnica vale mais do que força.

De barriga para cima – Quando o idoso estiver deitado de barriga para cima, seu corpo deve estar reto na cama e os braços estendidos lateralmente. Repare que as mãos devem ficar abertas e apoiadas no colchão. Cuide do conforto da coluna e das pernas, colocando um rolinho, feito com uma toalha ou um lençol, debaixo dos joelhos. Use uma espuma ou almofada fina e macia para apoiar os pés e evitar feridas; e uma almofada maior para não deixar os pés caídos.

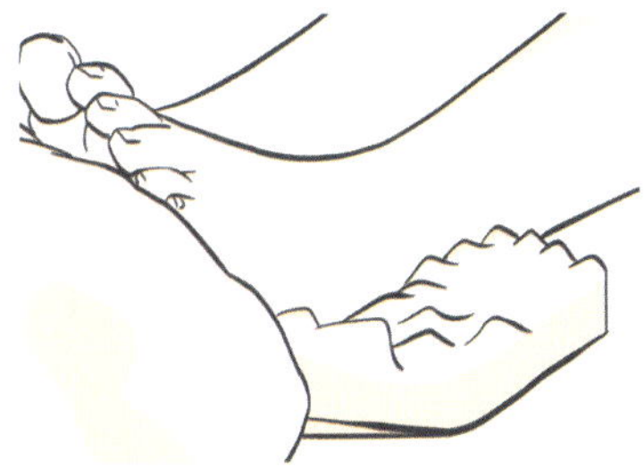

Virando de lado – Para realizar este movimento, retire os aparatos de conforto das pernas do idoso e solicite que ele flexione os joelhos. Em seguida, dê a sua mão direita para que ele segure com a esquerda (ou o contrário, dependendo do lado da cama) e vire-o pelo ombro com a sua mão livre. Não faça força na mão do idoso para não machucá-lo.

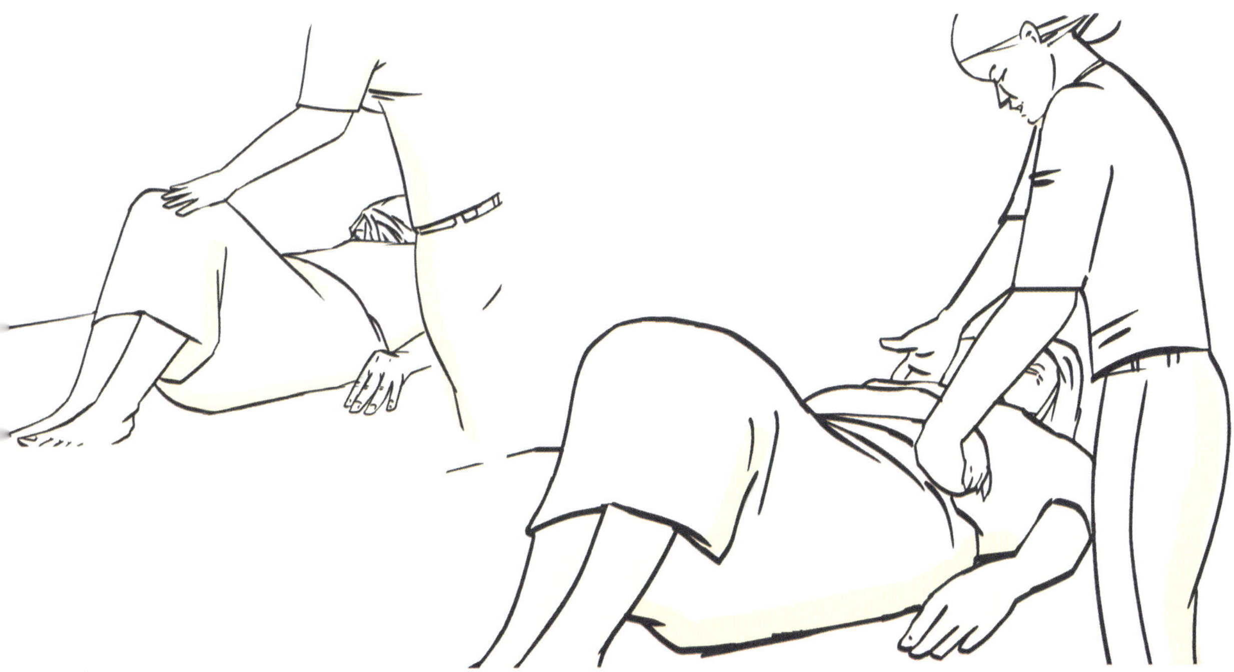

Quando o idoso estiver de lado, não deixe o ombro e o braço de apoio debaixo do corpo. Ajuste o ombro com as mãos. O braço de cima deve ficar repousado em um travesseiro e as mãos, sempre abertas. Para alinhar as pernas com a coluna, use também um travesseiro entre as pernas do idoso. Por último, faça um rolinho de cobertor para apoiar as costas.

Da cama para a cadeira, da cadeira para a cama – As transferências requerem cuidados extras! Para prevenir lesões em vocês dois, siga rigorosamente estas indicações. Antes, porém, certifique-se de que você e ele estejam usando calçados antiderrapantes.

A primeira atitude é informar o idoso do que você vai fazer. Posicione a cadeira ao lado da cama. Para passá-lo da cama à cadeira, peça ao idoso para dobrar as pernas.

Coloque, então, as pernas dele para fora da cama e diga para que apoie uma das mãos na cama e a outra no seu pescoço para conseguir sentar.

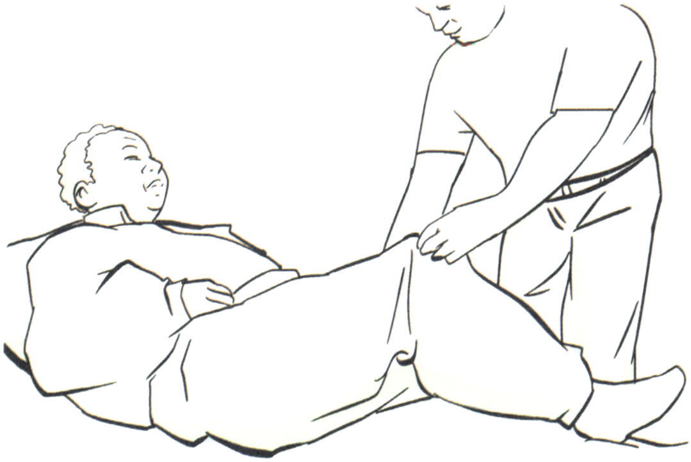

Quando ele estiver sentado na cama com os pés apoiados no chão, peça que coloque as duas mãos no seu ombro e, lentamente, ajude-o a levantar, girar e se sentar na cadeira. Você, cuidador, vai ajudar o idoso segurando-o por debaixo dos braços.

Seguindo esse passo a passo de trás para a frente, você pode transferir o idoso da cadeira para a cama.

IMPORTANTE! *A transferência de idosos que não conseguem ficar em pé deve ser realizada por duas pessoas. Uma deve apoiar o paciente por trás, por baixo dos braços do idoso (que devem ser cruzados), enquanto a outra apoia as pernas, que devem estar flexionadas. Para não sobrecarregar a coluna, o cuidador deve se abaixar flexionando levemente os seus próprios joelhos e se levantar bem devagar.*

Primeiros socorros e sensibilidade

Ainda que todas as precauções sejam tomadas, alguns acidentes domésticos acabam acontecendo. Diante da mais simples ocorrência, os familiares devem ser avisados e, se houver necessidade, o médico também.

Enquanto o socorro especializado não chega, o cuidador pode agir. A primeira providência é lavar muito bem as mãos, com água e sabão. Em seguida, realizar os procedimentos de acordo com cada caso. Vejamos:

Contusões (pancadas) – Avalie a intensidade do acidente. Em se tratando de um esbarrão que deve deixar mancha roxa, coloque imediatamente no local uma compressa de gelo (envolto em tecido fino).

UM POUCO DE INFORMAÇÃO SOBRE ALZHEIMER

A doença de Alzheimer destrói os neurônios e a memória costuma ser a primeira função atingida, fazendo com que o idoso não se lembre de fatos recentes importantes, tenha dificuldades em dar prosseguimento a uma conversa ou passe a repetir a mesma história várias vezes. Acontece que muita gente não dá atenção a esses sintomas por considerá-los lapsos normais da velhice. Mas vale ficar vigilante, principalmente se esse quadro vier acompanhado de mudanças de humor repentinas, depressão, passividade ou agressividade, alteração da coordenação motora e abandono das atividades de recreação rotineiras, sinais característicos do estágio inicial da doença.

Na fase moderada do Alzheimer, o idoso pode ter o senso de orientação atingido e se perder em trajetos que lhe são familiares. Nesse momento, também se percebe alguma dificuldade no reconhecimento de parentes e amigos, esquecimento de passagens da sua história pessoal, comportamento desinibido/inadequado, alterações de apetite, da fala e da visão e a necessidade crescente de ajuda para realizar tarefas diárias, como vestir-se, tomar banho, etc.

No estágio mais grave da doença, o idoso costuma não ter mais controle de suas necessidades fisiológicas (urina e fezes), torna-se apático e isolado, vai perdendo sua capacidade de falar, de movimentar-se sozinho e passa a necessitar de ajuda 24 horas por dia para qualquer coisa.

O melhor tratamento que se pode dar a alguém com Alzheimer é a ajuda, o carinho e a união da família. Conhecer a doença também é muito importante. Se o cuidador está sempre presente, a família auxilia e todos se preocupam, o idoso terá mais conforto e qualidade de vida.

Convulsões – É comum que idosos com Parkinson tenham convulsões ou espasmos. Para evitar quedas durante o incidente, abrace o idoso por trás e vá descendo seu corpo até colocá-lo no chão. Afaste qualquer objeto que possa machucá-lo e retire peças de roupas apertadas que ele esteja usando. Não interfira nos movimentos do idoso e não introduza nada em sua boca. Se possível, marque o tempo da convulsão para relatar aos familiares ou ao médico. Acabada a convulsão, entre em contato com a família.

Ferimentos – Lave com água e sabão a parte machucada do corpo do idoso, isso evita infecções. Se estiver sangrando, comprima o machucado com gaze ou com uma toalha limpa até estancar. Faça um curativo simples no local, usando gaze limpa ou ataduras.

Hemorragias – No caso de ferimentos em que o sangramento não para, use toalha para comprimir a região e vá trocando-a à medida que encharcar. Se as partes atingidas forem as pernas ou os braços, levante o membro afetado – isso costuma fazer o sangue estancar depressa. Continue realizando esses procedimentos até a chegada do socorro e procure proteger o idoso com uma manta ou um casaco, já que se sente frio numa situação como essa.

Queimaduras – Se mesmo com todos os cuidados o idoso se queimar (e geralmente ocorre na cozinha), não apele para as soluções caseiras já citadas na parte 1, como manteiga e pasta de dente. Elas pioram o ferimento! Você pode aliviar a dor da queimadura deixando correr água da torneira na área afetada, mas não diretamente sobre ela. Por exemplo, se a queimadura for no braço, a água deve bater na pele antes do local atingido, com o braço voltado para baixo, escorrendo naturalmente sobre o machucado. Para proteger o ferimento até chegar ao pronto-socorro, cubra-o com uma gaze esterilizada ou um pano limpo para evitar exposição aos contaminantes ambientais e proporcionar conforto ao idoso. A queimadura também faz o idoso perder calor corporal, então coloque um casaco sobre seus ombros, para proporcionar uma sensação de acolhimento, e mantenha-o sentado. Como esta situação pode se tornar uma emergência médica, avise a família imediatamente após prestar esses primeiros atendimentos.

Tombos – Avalie a reação do idoso. Se ele estiver lúcido e tentando se levantar, ajude-o e faça também uma compressa de gelo no local; se ele perder a consciência ou se mostrar incapaz de mexer algum dos membros, não toque em seu corpo e ligue para a emergência (Samu 192 ou Corpo de Bombeiros 193). Lembre-se de avisar também à família. Se o idoso estiver acordado, procure deixá-lo confortável e ofereça uma manta ou um casaco. Explique o que está acontecendo e mantenha-o calmo.

RECONHECENDO O LUTO

O luto é um sentimento de recolhimento desencadeado tanto pelo adeus a parentes e amigos queridos quanto por separações e perdas diversas, sejam elas de ordem financeira, do corpo perfeito, do controle da família, da possibilidade de decidir ou da capacidade de executar certas tarefas.

Na velhice, as perdas vivenciadas se somam e muitos idosos precisam passar pela fase do luto. O cuidador que consegue estabelecer laços estreitos com o idoso pode perceber – com a ajuda do médico da família, talvez – esse momento delicado, respeitar, tentar conversar e ajudar no fechamento desse ciclo, para que o senhor ou senhora sob seus cuidados reencontre o prazer em viver.

Recreação para divertir e aliviar a ansiedade

Naquela horinha livre da manhã ou da tarde ou, quem sabe, para fechar o dia de forma prazerosa, o cuidador pode incluir na rotina do idoso algum tipo de recreação.

Pode ser que ele se interesse por ouvir música, jogar cartas, ler, contar e ouvir histórias, cuidar de animais ou plantas, ou fazer palavras cruzadas, que, aliás, é ótimo para a memória!

Será também que este senhor ou senhora guarda em segredo algum *hobby*? Fotografia, pintura ou outro trabalho manual? Com jeito, o bom cuidador consegue desvendar esses segredos ou mesmo desejos guardados a sete chaves.

Seja o que for, o importante é que a recreação proporcione momentos agradáveis. Ela também tem um lado útil, que é o de aliviar a ansiedade que costuma perturbar o idoso, principalmente, à noite.

Referências

Cuidando de crianças

BEE, Helen. *A criança em desenvolvimento.* Porto Alegre: Artmed, 2011.

BRASIL. Ministério da Saúde. *Caderneta de saúde da criança.* Brasília, DF, 2012.

BRASIL. Ministério da Saúde. Secretaria de Atenção à Saúde. *Atenção à saúde do recém-nascido.* Brasília, DF, 2011. v. 1.

BRASIL. Ministério da Saúde. Secretaria de Atenção à Saúde. *Saúde da criança: nutrição infantil: aleitamento materno e alimentação complementar.* Brasília, DF, 2009. (Caderno de Atenção Básica, n. 23).

FONSECA, Eliane Garcez. *Desenvolvimento de 1 a 5 anos.* Rio de Janeiro: Soperj, 2008.

GESSEL, Arnold. *A criança de 0 a 5 anos.* Brasília: Dom Quixote, 2000.

LEITE, Dante Moreira. *O desenvolvimento da criança.* São Paulo: Editora Unesp, 2010.

ORGANIZAÇÃO PAN-AMERICANA DA SAÚDE. *Promoção do crescimento e desenvolvimento integral de crianças e adolescentes.* Washington, 2000.

Cuidando de idosos

APOSTILA de cuidadores de idosos. Rio de Janeiro: Espaço Cuidar Bem, 2012.

KANZEN, Adelaide et al. *Cuidando de quem cuida: manual para quem cuida de uma pessoa que precisa de cuidados permanentes.* Porto Alegre: Serviço de Saúde Comunitária do Grupo Hospitalar Conceição, 2003.

OLIVEIRA JUNIOR, José Oswaldo de. *Cuidando do cuidador.* Prática hospitalar, São Paulo, ano 11, nº 65, set./out. 2009.

SOUZA, Lucas Melo de; WEGNER, Wiliam; GORINI, M. Isabel Pinto Coelho. Educação em saúde: estratégia de cuidado ao cuidador leigo. *Revista Latino-Americana de Enfermagem*, Ribeirão Preto, v. 15, nº 2, p. 337-343, mar./abr. 2007.

MENDES, Glauciane D.; MIRANDA, Silvia Mara; BORGES, Maria Marta Marques de Castro. Saúde do cuidador de idosos: um desafio para o cuidado. *Revista de Enfermagem Integrada*, Ipatinga, v. 3, nº 1, jul./ago. 2010.

SITES CONSULTADOS

MACIEL, Lúcia. O que fazer em caso de queimaduras de pele? *Veja*, São Paulo, 28 jul. 2009. Blogs e Colunistas: Espelho meu. Disponível em: http://veja.abril.com.br/blog/estetica-saude/tratamento/o-que-fazer-em-caso-de-queimadura-de-pele/ Acesso em: 19 ago. 2012.

MOBILIDADE, posicionamento e transferência do idoso. Promolar, Brasília, *O Idoso*. Disponível em: http://www.promolar.com.br/mobilidade-posicionamento-e-transferencia-do-idoso.html. Acesso em: 25 ago. 2012.

MOVIMENTO é fundamental. Bosque dos Ipês, Vinhedo, 2007. Atividade física. Disponível em: http://www.bosquedosipes.com.br/noticia.php?id=12. Acesso em: 12 ago. 2012.

O QUE fazer quando a criança engasga. BabyCenter Brasil, São Paulo, *Como proteger seu bebê*. Disponível em: http://brasil.babycenter.com/baby/protecao/engasgo/ Acesso em: 19 ago. 2012.

SEGANTTINI, Sylvia de. O banho para o cuidador do idoso. Consultoria de banho e aromaterapia, São Paulo, dez. 2009. *Fique por dentro*. Disponível em: http://www.consultoriadobanho.com.br/dicas/001_cuidadoridoso.php. Acesso em: 19 ago. 2012.

Este livro foi impresso em papel off-set 90 g/m² no miolo e Triplex 300g/m² na capa
e composto nas fontes Cambria, DINCond-Regular Alternate e DINSchrift.